SOCIÉTÉ

DES

ANCIENS TEXTES FRANÇAIS

BRUN DE LA MONTAIGNE

Le Puy, typographie et lithographie M.-P Marchessou, boul. Saint-Laurent, 23.

BRUN

DE LA

MONTAIGNE

ROMAN D'AVENTURE

PUBLIÉ POUR LA PREMIÈRE FOIS, D'APRÈS LE MANUSCRIT UNIQUE DE PARIS

PAR

PAUL MEYER,

PARIS

LIBRAIRIE DE FIRMIN DIDOT ET Cie

56, RUE JACOB, 56

M DCCC LXXV

Publication proposée à la Société le 17 octobre 1875.

Approuvée par le Conseil le 18 novembre 1875 sur le rapport d'une commission composée de MM. Michelant, G. Paris et Pannier.

Commissaire responsable :
M. Gaston Paris.

PRÉFACE

L E manuscrit qui nous a conservé tout ce que nous
possédons du roman de *Brun de la Montaigne*
est un livre de 82 feuillets ayant le format d'un in-4° (22
centimètres sur 15 centimètres et demi), écrit sur parche-
min dans la seconde moitié du XIVᵉ siècle. Il appartient à
la Bibliothèque nationale, où il porte le n° 2170 du fonds
français [1]. Sous la même couverture, et par conséquent
sous le même numéro, se trouve un manuscrit entière-
ment distinct, celui d'après lequel a été publiée en 1861
la chanson d'Aien d'Avignon qui fait partie du tome
sixième du Recueil des Anciens Poëtes de la France.

Il s'en faut que les 82 feuillets du manuscrit con-
tiennent le poëme entier : nous n'avons aucun moyen

---

1. Avant 1860, ce manuscrit portait le n° 7989⁴ de l'ancien
fonds, et plus anciennement le n° 646 du fonds Baluze.

d'apprécier avec quelque exactitude l'étendue de la portion qui nous manque, mais il est à croire qu'elle devait être considérable. Voici l'analyse de la partie conservée.

Butor de la Montaigne a épousé, déjà vieux, une jeune femme dont il a eu un fils. Le poëme s'ouvre au moment de la naissance de l'enfant. Le sire de la Montaigne convoque ses principaux vassaux et leur expose que son désir est de faire porter le nouveau-né dans la forêt de Breceliant, auprès d'une source où les fées avaient accoutumé de se réunir pendant la nuit. Aucune remontrance ne peut le détourner de son projet; et finalement l'un de ses principaux vassaux, appelé Bruiant, se charge, accompagné d'une suite nombreuse, de porter l'enfant dans la forêt et de veiller sur lui à distance, pendant qu'il sera exposé auprès de la fontaine. Bientôt trois fées d'une beauté merveilleuse s'approchent en chantant de la fontaine et se prennent à considérer l'enfant. Deux d'entre elles s'empressent de le combler de leurs dons : l'enfant aura toute beauté et toute courtoisie; il sera redouté dans les guerres et les tournois, et honoré de tous. Mais la troisième, la plus puissante des trois, piquée de ce que les deux autres l'avaient devancée, se montre moins favorable : l'enfant « sera mendiant d'amie en sa jeunesse » (v. 974); celle qu'il aimera ne répondra pas à son amour; il sera un nouveau Tristan, et elle lui en donne le nom (v. 983). C'est vainement que les deux bonnes fées s'efforcent de la ramener à des sentiments plus bienveillants : elle s'aigrit de plus en plus, et veut que le malheureux enfant voie sa

bien-aimée épouser, lui présent, un vilain bossu (v. 1030).
Après s'être querellées quelque temps, les trois fées se
retirent, l'une d'elles ayant passé au doigt de son petit
protégé un anneau d'or fin.

Les chevaliers, qui avaient assisté à toute la scène,
sortent du bois où ils étaient cachés, viennent reprendre
l'enfant et le rapportent au seigneur de la Montaigne
qui se montre fort satisfait du récit de ses hommes et
s'inquiète médiocrement des malheurs annoncés par la
méchante fée. L'enfant est baptisé en grande pompe
sous le nom de *Brun,* et Butor de la Montaigne fait
annoncer une fête avec tournoi pour l'époque des rele-
vailles de sa femme.

Sur ces entrefaites, une dame de bonne mine se
présente au château pour servir de nourrice au petit
Brun. Aussitôt agréée, elle s'enferme avec l'enfant, lui
donne ses soins, l'endort, puis disparaît subitement,
pour revenir avant le réveil de son nourrisson. C'était
la fée qui lui avait mis l'anneau au doigt.

Au jour dit, le tournoi annoncé a lieu. Butor,
quoique avancé en âge, y porte les coups les meilleurs.
Mais un bien grand malheur lui arrive. Bruiant, son
plus fidèle vassal, désarçonné par lui, se blesse griève-
ment en tombant de cheval. Il se fait transporter chez lui
couché sur une litière, mais il meurt en chemin avant
d'avoir pu revoir les siens. A ses derniers moments, il
se montre résigné, et comme toujours dévoué à son
seigneur ; mais il redoute que Hermant son fils cherche
plus tard à venger sa mort (v. 2696-7).

La bonne fée prit soin du jeune Brun pendant quinze ans. Alors elle lui dit (v. 2792 et suiv.) : « Gentil damoiseau, le temps est venu où vous penserez à aimer. Bientôt vous connaîtrez une dame pour qui vous souffrirez beaucoup de peines. Pour moi, je vous quitterai jusqu'au temps où ce premier amour cessera. » Brun la supplie vainement de rester : elle persiste dans son dessein. Brun aimera pendant dix ans une dame qu'il verra épouser un vilain bossu. Au bout de ce temps, la fée sa nourrice reviendra à lui et le réconfortera. Ayant ainsi parlé, elle disparait (v. 2874).

Le jeune homme fait serment aussitôt de l'aller rejoindre, et il part monté sur son destrier. Il la retrouve, en effet, auprès de la fontaine où, tout enfant, il avait été exposé. Il reçoit d'elle de nouveaux conseils et se met en voie pour chercher aventure.

Les aventures ne lui manquent pas. Un messager qu'il rencontre lui ayant appris qu'une grande fête doit être donnée à un château appelé la Tour-Ferrée, par la fée Morgue, cousine du roi Artus, il s'empresse de s'y rendre. Il n'y parvient pas sans avoir à lutter successivement contre trois chevaliers dont l'un, le « chevalier hideux », était particulièrement redoutable. Il se débarrasse heureusement de ses adversaires et parvient à la Tour-Ferrée, qui est aussi appelée le « Muable manoir ». Bien accueilli par la fée Morgue et par les dames de céans, il ne tarde pas à devenir amoureux. Le roman reste interrompu au milieu de la scène où Butor déclare ses sentiments à celle qu'il aime, et reçoit d'elle

une réponse peu favorable. C'est donc le moment où
les pronostics de la méchante fée vont se réaliser.

Nous ne pouvons deviner la suite des aventures de
Brun de la Montaigne, dont nous n'avons évidemment
ici que le commencement. Nous savons que son amour
sans espoir devait durer dix ans. Sans doute des événe-
ments variés devaient prendre place dans ce laps de
temps. Au nombre de ces événements, faut-il placer la
guerre de Butor avec le fils de Bruiant, ou cette guerre
n'avait-elle lieu qu'après les dix années ? Nous n'en
savons rien ; mais ce qui est certain, c'est qu'elle devait
tenir une place dans le poëme. Ce n'est pas pour rien
qu'après avoir conté la mort de Bruiant, l'auteur nous
dit :

2720 Quant il fu trespassés il y ot tel tourment
     Que puis en furent mort li. l. des cent.
     S'emporta on le corps ou païs vistement,
     Mais puis en mourut il asés vilainement
     Maint homme souffissant, se l'estoire ne ment,
2725 Ainsi com vous orrés se chascun bien m'entent.

Ce que nous savons encore, et nous l'aurions conjec-
turé alors même qu'on ne nous l'aurait pas annoncé,
c'est que finalement Brun sortait victorieux de la lutte :
voy. v. 2139-42.

Il est douteux qu'on trouve jamais un ms. complet de
Brun de la Montaigne. L'auteur de la présente édition
a visité bien des bibliothèques depuis le temps où, pour
la première fois (c'était en 1858), le ms. 2170 de la

Bibliothèque nationale s'est trouvé entre ses mains, et il s'est assuré qu'aucun catalogue ne mentionne un second exemplaire de ce roman.

Notre ancienne littérature fait des pertes plus regrettables, et ce qui nous reste de *Brun* suffit à nous consoler de ce qui nous manque. Car les notions que ce roman fournit à l'histoire littéraire, et aussi, nous le verrons plus loin, à l'histoire de notre versification, se laissent déduire des 3900 vers conservés, et la fin de l'ouvrage y ajouterait peu de chose.

C'est, en effet, une œuvre assez ordinaire que *Brun de la Montaigne*. Le romancier inconnu qui l'a composée ne se recommande ni par la puissance de l'imagination, ni par le brillant du style. Ses récits, les discours qu'il met dans la bouche de ses personnages, offrent cette prolixité monotone qui est si fréquente dans les compositions du xive siècle. Les personnages eux-mêmes ont les manières compassées et le ton cérémonieux que les hérauts avaient mis à la mode, et qui s'étaient peu à peu substitués, pour le plus grand dommage de la poésie, aux allures autrement vives des jongleurs des siècles précédents. Il est bien possible que notre auteur fût lui-même héraut d'armes. Le relief qu'il donne au rôle du héraut dans le récit du tournoi, conduirait à cette conclusion.

Il faut du moins lui savoir gré d'avoir pris pour point de départ de son roman une croyance populaire dont il a tiré parti non sans habileté.

Avant lui, sans doute, on avait représenté les fées

entourant le berceau d'un enfant et lui accordant leurs
dons [1]. C'est le tableau que nous offre le début de la
plus récente rédaction d'Ogier le Danois, et notre auteur
la connaissait, puisqu'il mentionne (v. 3399) Morgue
l'amie Ogier [2]. Les merveilles de la forêt de Brece-

---

1. Cf. A. Maury, *les Fées du moyen âge*, p. 3o. — M. F. Michel
a réuni, dans la note 14 de son édition de *Floriant et Florete*
(Roxburghe Club, 1873), un certain nombre de témoignages sur
le rôle des fées dans la littérature du moyen âge.

2. Voici, d'après le ms. de l'arsenal B. 1 fr. 190, fol. 3, la scène
des fées auprès du berceau d'Ogier :

> Et en la propre nuit que l'enffant fu nasquis,
> Et le corps de lui fu par dessus un lit mis,
> Et la mere mouroit, si com je vous devis,
> Y vint Morgue la fée et bien jucques a six
> De fées gracïeuses, et furent ou pourpris
> Ou li enffes gisoit en blans drappelès mis.
> La le print Gloriande qui fu suer Ansenis
> Et le desmaillota et lui baisa le vis,
> En disant : « Mon enffant, ou nom de Jhesu Cris
> « Te veul donner un don : d'estre le plus hardiz
> « Qui regnera ou monde tant que tu soies vifs.
> — Donne, » dist Sagremoire, « cis dons n'est pas petis ;
> « Puis que li hardemens est en lui si bien mis
> « Je veul qu'il ne lui faille ne guerre ne estris
> « Et que toudis en soit en sa vie garnis.
> — Dame, » dist Foramonde, « or est uns grans periz
> « Et je lui donne un don qui moult est agensis :
> « C'est qu'en champ de bataille il ne soit desconfiz.
> — Dont, » dist une autre fée blanche con fleur de lys,
> « Et je veul que des dames soit amés et servis;
> « Et que ja il ne soit de nesune esconduis.
> — Je veul, » dit la .v[e]. que on nomoit Beatrix,
> « Qu'il soit douz et plaisans, gracïeux et faitis
> « Et qu'en champ de bataille il ne puist estre pris,

liant [1] avaient été célébrées dès le xiie siècle par Vuace,
qui y croyait peu [2], par Chrétien de Troyes et par
Huon de Mery [3], qui s'étaient surtout attachés à décrire
les propriétés qu'avait la source de Barenton d'exciter des
tempêtes lorsqu'on répandait son eau sur les roches
voisines. Mais il ne semble pas qu'aucun autre roman
que *Brun de la Montaigne* nous ait fait connaître
l'usage, qui a bien certainement dû exister, de porter les
nouveau-nés auprès de la fontaine [4] où les fées
« conversaient ». Vuace disait seulement :

> La solt l'en les fées veeir
> Se li Bretun nus disent veir.

On peut dire que la partie la moins faible du poëme
est celle où l'auteur nous représente les fées groupées
autour de l'enfant, donnant cours à leurs sentiments,
celle-ci bienveillante, celle-là cruelle, échangeant des

> « Ne par homme vivant ne puist estre traïs. »
> Et dist Morgue la fée : « Or ay oy vos diz :
> « Et je veul qu'il ne muire par homme qui soit vis
> « Tant qu'il ara esté mes drus et mes amis,
> « Et dedens faerie veûz tous mes deliz ;
> « Et le tien a baron et est li miens maris. »
> Lors lui baisa la dame et la bouche et le vis ;
> Don s'en est li convens sevrés et departis.

1. Voir, sur l'histoire de cette ancienne forêt et sur les légendes
qui s'y rattachent, A. Maury, *les Forêts de la Gaule*, 331 et ss.

2. *Rou*, édit. Pluquet, v. 11515 et suiv.

3. Le Roux de Lincy, le *Livre des légendes*, p. 225-34.

4. Le roman ne dit pas que cette fontaine fût celle de Barenton.

paroles non exemptes d'aigreur, mais éprouvant toutes
pour lui un sentiment d'affection mêlé d'envie :

> 1050 Il sembloit tout adès qu'entre elles .iij. tençoient,
>   Mais amoureusement l'enfançon regardoient,
>   Et li en regardant, doucement gracioient,
>   Et tous dis en leurs cuers parfaitement pensoient
>   Comment si petis dons a li doner ossoient;
> 1055 Mais ens ou regarder l'enfant se delitoient,
>   Et après les regars a la foys le baissoient.
>   Ainsi avec l'enfant doucement se jouoient.

Nous n'avons aucun moyen de déterminer avec pré-
cision l'époque où fut composé *Brun de la Montagne*.
Les caractères de la langue comme le ton général du
récit indiquent le xive siècle, et plutôt la seconde moitié
que la première; mais je ne vois aucun trait qui per-
mette de serrer de plus près la date cherchée. Il est
évident, comme je l'ai dit plus haut, que l'auteur con-
naissait le roman d'Ogier, sous une forme relativement
très-récente, celle où la fée Morgue préside à la naissance
du jeune enfant [1]. Ce roman, qui est postérieur non-
seulement au vieux poëme de Raimbert, mais même
aux *Enfances Ogier* d'Adenet, a été d'abord rédigé en
vers de douze syllabes, puis mis en prose. Du texte en
vers, nous avons deux mss. [2], et le texte en prose a été

1. Voy. au Vocabulaire, MORGUE et OGIER.
2. Arsenal, B. l. fr. 190, et Musée britannique, 15 E vi, fol. 82
à 207. Le ms. de l'Arsenal est de la fin du xive siècle. Deux extraits
en ont été donnés par Barrois, dans sa préface d'*Ogier de Dane-
marche*, p. lxiij-lvij. Sur le ms. de Londres, qui est du xve siècle,

bien souvent imprimé depuis la fin du xv⁰ siècle [1]. Mais nous ne savons point quand a été rédigé le poëme en alexandrins d'Ogier : nous pouvons seulement le rapporter au xiv⁰ siècle, et de cette attribution vague ne saurait se déduire aucune date quelque peu précise pour *Brun de la Montaigne*.

Nous ne sommes pas mieux renseignés sur le lieu où a été composé notre poëme. Quelques traces du langage picard et wallon, qui se rencontrent çà et là, peuvent appartenir au copiste, et ne sauraient conséquemment prouver que *Brun de la Montaigne* ait été écrit dans le nord de la France. Cependant, il n'y aurait dans cette hypothèse rien que d'assez vraisemblable, si on considère que dans la partie septentrionale des pays de langue d'oui on a continué plus longtemps qu'ailleurs à composer des poëmes en forme de chansons de geste.

Ce qu'il y a, en effet, de plus saillant dans *Brun de la Montaigne*, au fond véritable roman d'aventure, c'est la forme, qui est celle des chansons de geste en alexandrins, sauf un détail important. On sait que, au moyen âge, les vers de dix et de douze syllabes peuvent admettre à la fin de chaque hémistiche une syllabe atone qui ne compte pas dans la mesure du vers. Cette faculté a été restreinte dans notre versification moderne au second hémistiche seulement (d'où nos vers à rimes féminines).

---

voy. Fr. Michel, *Rapports au Ministre*, p. 94 (édit. orig.), et Sachs, *Beitræge zur Kunde altfranzœsischer... Literatur* (1857), p. 38.

1. Voy. Brunet, *Manuel du libraire*, OGIER; et Græsse, *Die grossen Sagenkreise des Mittelalters*, p. 342.

Jusqu'à présent on n'a pu faire remonter l'usage actuel
au-delà du poëte Jehan le Maire qui vivait à la fin du
XVᵉ siècle et au commencement du XVIᵉ [1]. « Nostre
« gentil Clement Marot », dit Pasquier [2]; « en la se-
« conde impression de ses œuvres [3], recognoissoit que ce
« fut lui qui luy enseigna de ne faillir en la coupe fémi-
« nine au milieu d'un vers »; et encore tolérait-il la syl-
labe atone au premier hémistiche dans l'alexandrin [4].
Or, il se trouve que l'auteur de *Brun de la Montaigne*,
antérieur de plus d'un siècle à Jehan le Maire, suit très-
exactement l'usage actuel, ne plaçant jamais une syllabe
atone à la fin du premier hémistiche sans en procurer
l'élision en la faisant suivre d'un mot commençant par
une voyelle [5].

Brun de la Montaigne a été pour la première fois, je
le crois du moins, cité dans un ouvrage singulier, moitié

1. Voy. sur ce poëte l'abbé Sallier, dans les anciens Mémoires
de l'Académie des Inscriptions, XIII, 593.

2. *Recherches de la France,* l. VI, ch. v, p. 735 de l'édition de
1611.

3. Dans la préface de l'*Adolescence Clémentine* (1532), en réalité
la première édition de Marot qui nous soit connue (édition Jannet,
1688, t. IV, p. 189).

4. Voy. Quicherat, *Traité de versification française,* 2ᵉ édit.,
p. 327 et suiv.

5. Je ne vois d'exception qu'au v. 82 :

> Ou les fées repairent, sachiez certainement

qui, étant unique en son genre, doit être considéré comme fautif.

J'ai donc eu tort v. 673 de proposer comme restitution [*que faites*]
qui viole la règle; on pourrait admettre [*soit fait*].

roman, moitié histoire, publié sans nom d'auteur, en
1829, à Rennes, sous ce titre : *Brocéliande, ses chevaliers
et quelques légendes. Recherches publiées par l'auteur
de plusieurs opuscules bretons* [1]. L'auteur anonyme
de cet ouvrage devait à M. P. Paris la connaissance du
poëme dont il a rapporté quelques vers. Peu d'années
après, en 1836, M. Le Roux de Lincy faisait connaître
Brun de la Montaigne par une analyse développée et par
quelques extraits [2], dans son ouvrage intitulé : *Le Livre
des légendes. Introduction* [3], p. 180-5 et 260-84. Une
notice du même poëme a été publiée par M. P. Paris
dans le t. XXII de l'*Histoire littéraire de la France*.

Je termine cette préface en corrigeant quelques fautes
que j'ai reconnues depuis le tirage [4] : v. 16, l. *avés;* 150,
l. *vo[s];* 150, 160, 280, 352, etc., l. *vous;* 222, l. *miens;*
502, *vos,* sic ms., corr. *vo;* 838, *desous,* sic ms., corr.
desus; 860, suppr. la note; 918, l. *moult;* 3022, l. *pensé[e].*

1. On lit à la fin : « La présente compilation a été publiée aux
frais et par les soins du baron de Taya (Aimé-Marie-Rodolphe),
lequel fut juge en Bretagne depuis l'an MDCCCXI jusqu'en
MDCCCXXX. »

2. Les vers 1 à 125, 554 à 620, 627 à 662, 909 à 1122, 1208 à
1357, 1860 à 2021.

3. Il n'a paru de l'ouvrage que cette introduction qui forme un
vol. in-8 de xiv-286 p. — C'est d'après Le Roux de Lincy que
Græsse (*Die grossen Sagenkreise des Mittelalters,* p. 252) men-
tionne *Brun de la Montaigne*.

4. J'en ai signalé quelques autres dans le vocabulaire.

*Ci commance li roumans de Brun de la Montaigne
qui fu filʒ Butor de la Montaigne et puis fu
apeleʒ le petit Tristran le restoré (f° 3).*

I

Qui veult aprendre honneur et suivre courtoissie,
Les dames doit loer et l'amoureusse vie,
Car pour les dames est mainte honneur essaucie,
Ferus mains coups d'espée et de lance aguisie,
5 Mains chevaus abatus, mainte enseigne percie,
Mains haubergons perciés, mainte targe vostie,
Mains biax diz recordez en bonne compaignie, *(v°)*
Mainte belle chançon parfaite et acomplie,
Et mains bons chevaliers a la chiére hardie
10 A la fin qu'en fait d'armes puist aquerir amie.
Or dirai a quel fin ma matiére est traitie :
Pour tousjours essaucier fleur de chevalerie.
Dames et chevaliers, or soit de vous ouïe,
Car par mos amoureus ert par moy adrecie
15 Avecques les bons fais dont elle est eslegie.

4. Et f. — aguisiee. — 5. perciee. — 9. *Il est probable qu'ici un
vers a été passé.*

Vous aves bien ouï qu'en vielle ancesserie
Que roy et duc et prince, ou honneur est florie,
Quant ooient parler d'aucune faierie,
Pour ce que destinée en leur hoirs fust norrie,
20 Faissoient leur enfàns porter par leur meisnie
En forès et en bois par leur melancolie,
Ou fust en haut desert ou dedens praarie,
Desous arbre ramu ou fontaingne jolie,
Afin que leur enfant amandassent leur vie
25 Par destinée qui fust a aus otroïe.

II

Seigneurs, ou moys d'avril que li bois sont fuelli,
Vïoletes partout espanissent ausi,
Et que point la verde herbe et li pré sont foilli,
A celui temps avint, tout droit a .j. juedi,
30 Qu'il estoit .j. haus hom et d'estat seignori,
Sire de la Montaigne, ainsi nomer l'oï;
Moult estoit gentis hom, de sanc roial ausi,
Et cent foys plus vaillans d'assez que je ne di.
Or avoit moult de temps li chevaliers vesqui,
35 Si estoit ancïans, mais il ot avec li
Une jone mouillier de qui .j. filz yssi
Sages et avissés, et fu doctrinés si
Que quanqu'es cuers d'amant oncques d'amour issi,
Li jouvensiaus ot tout en son cuer, puis ce di.

III

40 La joune dame qui fu fame au chevalier,
Porta le bacheler dont vous m'oiés noncier,
Qui por amer ot puis maint divers enconbrier.
La dame en delivra .j. jour a l'anuitier,
Et quant delivre en fu n'i ot que esleescier.

18. faaierie. — 32. h. et de.

45 Quant li sires le sot, Dieu prist a gracier
   Quant il avoit .j. fil por s'onnour essaucier.
   Si pensa en son cuer, pour li plus avancier,
   Que porter l'en fera, sans plus de l'atargier,
   Delez une fontaine, assez près du rochier;
50 Car il avoit repaire de fées ou gravier
   Qui aloient ou lieu touz dis esbanoier.
   Si ala tout errant huchier .j. messagier
   Et li a dit : « Amis, il te faut chevauchier
   « Tost et vigureusement, ne veillez delaier.
55 « Va querre mes barons, car j'ai d'eus grant mestier,
   « Et di qu'il veignent tost, por mon cors conseillier,
   « Car j'ai .j. [moult] biau fil eü de ma mouillier
   « Qu'as destinées veil tout errant envoier,
   « Si leur diront errant qu'il veignent sanz targier.

IV

60   — Sire, » dist li varlès, « a vo comandement. »
   Adont prist .j. cheval tost et isnelement,   (v°)
   En la selle est montez sans nul encombrement;
   Si chevauchoit plus fort qu'oissiaus ne vole a vent,
   Et plus tost c'uns bougons d'arc manier ne destent,
65 Et tant que le cheval fist es costez sanglent,
   Dont sanc de toutes pars a la terre en descent.
   Plus tost va li chevaus que foudre[s] avec vent.
   Tant chevaucha de jor et de nuit ensement
   Qu'il trouva des barons du seigneur jusqu'a cent,
70 Et les assembla touz a .j. avesprement,
   Puis leur dit en oiant bel et courtoissement :
   « Seigneur, entendez moy, oiez le mandement
   « Que mes sire vous mande a touz communaument :
   « Que vous venez errant a son commandement,
75 « Car de vo conseil a afaire moult briefment.
   « Or tost delivrez vos ! por Dieu, venez vous ent,

47. avencier. — 59. Corr. diras? — 65. sanglant.

« Car li besoins est grans, sachiez certainement,
« Pour un enfant qu'il a né tout nouvellement,
« C'onques de char ne d'os ne vit nus hom plus gent,
80 « Si vous en venez touz avec moy vistement;
   « Car il couvient l'enfant porter tout erramment
   « Ou les fées repairent, sachiez certainement,
   « Por destinée avoir au Dieu commandement. »

V

   Quant li mesages ot finée sa raison,
85 Ensemble sont alé tretout li cent baron
   Et si ont dit entr'aus par fole entencion :
   « Est nos sires meüs qui nous fait tel sermon
   « Qui se veult delivrer d'un si dous enfanson? *(f° 5)*
   « Il ne le pourroit miex metre a occission,
90 « Car se li anfes est ostez de sa maison
   « Il en aura au cuer en brief temps marison ;
   « Car espoir trouvera ou serpant ou lyon
   « Qui l'anfant ara tost mis a destrucion. »
   La ot .j. chevalier c'om apeloit Grifon,
95 Qui leur a dit en haut : « Biax seigneur compaignon,
   « Pensons du chevauchier, alons ent au dongon ;
   « Nous avons bien oy le message a bandon
   « Qui nous dit de l'enfant la noble nassion,
   « Pensons de l'esploitier sans nule arestoison
100 « De ci qu'a la Montaigne, a Dieu ben[e]ïson ;
   « Conseillon noseigneur qui est enciens hon,
   « Car il en a mestier, selonc m'entencion. »

VI

   Si tost que li baron laissiérent le parler,
   Il firent leur hernois richement aprester ;
105 Au messagier ont dit : « Pense du retorner,
   « Et di a monseigneur qu'il le faut aviser
   « Par quoy plus sages soit de son enfant garder ;

« Car nous veons moult bien qu'il s'en veut delivrer ;
« Et li di que folie le fait a ce penser,
110 « Ou vieillesce le point qui l'a fait radoter. »
Quant li mesage[s] ot les barons si parler
Il monta ou cheval sans point de l'arester,
Et quant il fu montez, si commance a crier :
« Seigneur, adieu vous di, plus ne veil demourer.
115 « Venés ent après moy, je le vous veil rouver. » (v°)
Li chevalier ont dit : « Pensez du cheminer,
« Nous alons après toy, il ne t'en faut douter,
« Por le gré monseigneur plainement accorder ;
« Si te prions de nous a lui recommander. »

VII

120 Ainsi s'en departi li courtois messagiers
Et prist moult doucement comgié aus chevaliers,
Et puis de cheminer ne fu mie laniers,
Car plus tost chevauchoit que ne vole espreviers.
Tant chevaucha li mès par bois et par sentiers,
125 Qu'il choisi du chastel les tours et les clochiers.
Mais ainz que venist la recreüt ses destriers
Droit en mi lieu du bois qui fu grant et pleniers.
Atant es vous a lui venir .iiij. murdriers,
Et pour lui desrober, dont il n'estoit mestiers,
130 Car il n'avoit nul drap qui fust n'ient entiers,
Mais estoit plus locus c'uns povres brououtiers
Ou un povres marchans qui porte a estaliers,
Et avec ce n'avoit pas plenté de deniers.

VIII

Quant li .iiij. murdrier ont choisi le mesage,
135 Qui s'en aloit tous seus a pié par le boscage,
Ils sont a lui venu pour paier son truage,

126. recreu *ou* recren, *et un barbouillage.*

Et li ont dit : « Amis, enten a no lengage;
« Il te faut aquiter a nous de ton passage.
— Seigneur, » dit li varlès, « et ou le prend[e]rai ge?
140 « Par Dieu, je n'ai sur moy or ni argent ne gage,
« Si que par ce point ci vos n'estez pas moult sage;
« Quant riens me demandez vous faites grant outrage *(f° 6)*
« Mes destriers m'est faillis en fin de mon voiage,
« Dont je sui si dolant et ai au cuer tel rage
145 « Qu'il m'en faura mourir ci endroit a hontage. »

IX

Quant li .iiij. murdrier ont le mès escouté,
Si li ont dit : « Amis, or nous di verité,
« Tes destriers est il mors, or ne nous soit celé?
— Ouïl, » dit li varlès, « en fine loiauté,
150 « Se c'estoit vo plesir et vos venoit a gré
« D'avecques moy venir, je l'avrai tost moustré
« Par si que ne cuidiez que vous aie engané. »
Et quant li murdrier ont le mesage escouté,
Si li ont dit : « Amis, et qui t'a desmonté?
155 « Il n'a autre que nous dedens ce bois ramé. »
— Seigneur, » dit li varlès, « j'ai si fort cheminé
« Que mes chevax est mors en mon chemin ferré,
« Mais je ai mon mesage acompli et porté
« Por ce que mon seigneur n'i ait honte et vieuté.
160 « En l'ame de mon corps je vos ai voir conté. »

X

Li un[s] des murdriers dit au varlet : «Vien avant,
« Nome moy ton seigneur, et si me di errant
« Dont tu viens et ou vas et que tu vas querant

---

150. Se, *ms.* ce; *de même* 280, 293, 302, 430, 475, 511, 531, *etc.*;
de même aussi ces *pour* ses 173, 179, 365; ci *pour* si 152, 440,
cegonde 944, *et réciproquement* sesserons 525, *etc.*— 162. Nome
me moy.

« Parmi ceste forest ou tu es maintenant ?
165 — Sire, » dit li varlès, « je vous jure et creant·
« Que par la foy que doy au dous roy tout poissant
« Je vieng du haut païs ou regnent li persant,
« Ou un mesage ai fait por mon seigneur vaillant
« Qui en une dame a engendré .j. enfant :   *(v°)*
170 « Nus hons ne vit plus bel en trestout son vivant ;
« Or le veut envoier a la Roche dormant,
« Si qu'il m'a envoié en haste chevauchant
« Querre ses chevaliers por avoir conseil grant,
« Car il en a besoing en tant qu'a maintenant ;
175 « Por quoy je vous supli de cuer en soupirant
« Que vous aiés merci d'un povre peneant,
« Car, en l'ame de moy, je n'ai rien plus vaillant. »

XI

Si tost que li murdriers vit le mès doulousser,
Qui detordoit ses poins et prenoit a plorer
180 Si li a dit : « Amis, veilles toy conforter,
« Ja n'avras mal pour nous, mais veillez nous conter
« Le non de ton seigneur, je le te veil rouver.
— Sire, » dit li varlès, « ja ne le quier celer,
« Nus ne doit son seigneur resoignier a nommer.
185 — C'est voirs, » dit li murdriers, « veilles toy delivrer,
« Et soies touz certains, nous t'en lairons aler,
« Et espoir aras tu .j. cheval por monter,
« Car puis que c'est besoins, amis, tu n'as qu'ester.
— Sire, vous dites voir, bien puis trop demourer, »
190 Respondi li varlès, « je m'en veil delivrer :
« Il est nommés Butor, qui moult fait a douter,
« Et si a la Montaigne et la terre a garder. »
Quant li murdrier l'entent, lui prist a esgarder,
Et sembla de son vis qu'il deüst enflamber,
195 Dont li cuers de son ventre en prist a sauteler.
De la joie qu'il ot couleur prist a muer,   *(f° 7)*
Et a dit au varlet : « Toy voudroie sauver

« Droit par dedens mon sain s'i povoies entrer ;
« Car cix est mes cousins dont je t'oy tant loer.
200 « Or vieng prendre .j. cheval, je le te veil donner. »
Quant li varlès l'oï, Dieu prist a reclamer
De l'evur qu'il li fist a celle eure encontrer,
Car il n'eüst peü ja si tost retorner
A Butor son seigneur que tant devoit amer.

XII

205 Li varlès en alla avecques le murdrier
Qui por l'amor Butor li donna .j. corsier,
Et puis li dit : « Amis, as tu de plus mestier ?
« Or me di se tu as ne maile ne denier :
« Je t'en donrai assez avecques le destrier
210 « Por l'amour mon cousin que je ain et tien chier,
« Et por l'amour ausi de sa gentil mouillier ;
« Car .j. jour qui passa m'en rendi le louier,
« Et m'eüst on pendu comme larron murdrier
« S'il n'eüst en mon non proumis .j. chevalier
215 « C'om peüst par raison comme moy justicier,
« Si que je l'en sai gré et l'en doy avancier
« Et tous ceus de par lui ensement essaucier.
« Amis, tu t'en iras ton mesage noncier
« Et me salueras Butor le bon guerrier,
220 « Et di qu'a tous mes biens je le fais parsonier.

XIII

— Sire, » dit li varlès, « de vostre cortoissie
« Por l'onnour monseigneur li mens cuers vous gracie,
« Car a mon grant besoing vous m'avez fait aïe. (v°)
« Sire, dont je vous pri que ne me celez mie
225 « Vostre non par amour, li miens cuers vous en prie,
« Quant vous estes estrais de si noble lignie
« Que de Butor le preu et de sa baronnie.
— Amis, » dit li murdriers, « ne te celerai mie,

« J'ai en mon propre non .j. non de faarie :
230 « J'ai a non Morgadas, [si] fui nez en Tarsie,
« Si sui cousins germains ton mestre, je t'afie.
« Or t'en va chevauchant par la forest antie,
« Et si fai ton mesage et ne demeure mie,
« Et je remanrai ci en ceste compaignie,
235 « Car mes cuers est tornez a mener male vie ;
« Salue moy Butor et sa chevalerie.
— Sire, » dit li varlès, « c'est droit que je li die,
« Car onques mès nulz hons ne fist tel cortoisie
« A povre mesagier, dont mes cuers vous mercie. »
240 Li varlès est montez ou destrier de Surie,
Des esperons le point, et ne l'espargna mie,
Si laissa Morgadas en la forest fueillie.
Huimès orrés chançon bone et bien agencie,
Car a l'onneur d'amours la matiére est traitie ;
245 Si lerra des murdriers, n'est drois que plus en die,
Qui ont fait au varlet d'un bon destrier aïe.

XIV

Or s'en va li varlez, que plus n'a atendu,   *(f° 8)*
Qui fiert des esperons le bon cheval grenu
Tout parmi la forest, qu'il n'i a atendu.
250 Tant a esperonné que bien a perceü
Les tours et les clochiers, que bien a conneü
Que c'est li lieus Butor, son mestre, le cremu.
Il chevaucha si fort et par telle vertu
Que nus oisiaus volans, tant l'ait vent esmeü,
255 Ne l'atainsist jamais, qu'il ne l'eüst perdu
Si eüst aresté a .j. petit festu,
Tant avoit du varlet les esperons sentu.
Li varlès ist du bois droit en .j. pré herbu,
Et regarda aval vers un arbre ramu,

246. *Miniature précédée de cette rubrique :* Comment Butor manda
a ses barons par un messagier qu'ils venissent a lui.

260 Butor de la Montaigne asés près a veü,
    Lui et .xx. chevaliers qui estoient si dru,
    Qui estoient trestout d'unes robes vestu.   (v°)

XV

    Si tost que li varlès a veü l'asemblée,
    Il a point le cheval par telle randonnée,
265 Que li chevaus s'en va comme beste dervée
    Si qu'il ne fist c'un saut a l'issir de la prée.
    Mais de tout l'os avoit la char si entamée
    Des esperons qu'il ot sentu celle jornée,
    Que il sembloit qu'il fust arousés de rousée.
270 Si estoit il mouilliez d'iave qu'il ot suée,
    La pel avoit plus rouge et plus ensenglantée
    Que [sont] mains de bouchier quant la char est tuée.
    Tant ala li varlès qu'ains qu'il fust l'avesprée
    Qu'il a trouvé Butor et sa gent honnorée;
275 Et quant Butor le vit s'a grant joie menée,
    Et li a dit : « Amis, ta venue m'agrée, »
    « Que dient mi baron ? Il est eure passée
    « Qu'il deüssent venir en ma sale pauvée. »
    Li varlès descendi, qu'il n'i fist demourée,
280 Et a dit a Butor : « S'il ne vos desagrée
    « Ja vous sera par moy la nouvele contée.
    « J'ai trouvé de vo gent cent en une assemblée,
    « Par moy leur a esté la chose revelée,
    « Et leur ai dit que puis que la mer fu creé[e],
285 « Ne fu de dame faite ausi noble portée,
    « Que celle [dame] a fait qui est vostre espousée,
    « Et c'uns fiex en est nez, ou proesce ert trouvée,
    « Et que vos plesirs est avecques vo pensée
    « Que cilz filz soit portés ou il a mainte fée. (f° 9)
290 « Et il m'ont respondu, de quoy pas ne m'agrée :
    « Que sciance est en vous plainement radotée,

267. Corr. M. desç' a?

« Quant la char qui de vous a esté engenrée,
« Voulez avanturer, car s'elle estoit trouvée
« Ou d'ours ou de serpant tost seroit estranglée.
295 « Nonporquant il vendront dedens une jornée
« Ainz que ma dame soit de l'anfant relevée.

XVI

Quant Butor entendi que li mès li dissoit,
Il li a dit : « Amis, a cui qu'il en anoit,
« Mes filz i ert portez se mourir i devoit,
300 « Car je sui tous certains, s'il avient qu'il i soit,
« Que onneurs li croistra et biens, mes cuers le croit,
« S'est cilz maleürés qui de ce me mescroit,
« Si feroit cil pechié qui me conseilleroit
« Du faire le contraire et moult pou m'ameroit.
305 « Mais dites moy, pour Dieu, vendront il orendroit ?
— Sire, » dit li varlès, « chascun s'apareilloit,
« De venir a vo mant nus ne contredissoit,
« Mais por le vostre enfant chascun se demantoit,
« Car il doutent sa mort ; et sachiez, il morroit
310 « C'avant qu'il fust tiers jor ma dame enrageroit
« Pour l'amor de l'anfant qu'a son cuer sentiroit.
— C'est voirs, » ce dit Butor, « car s'ainsi avenoit,
« La vie de mon cors assez tost partiroit,
« Mais ja Diex ne consente, amis, qu'ainsi en soit.

XVII

315 — Sire, » dit li varlès, « sachiez, pas nel voudroie,
« Qu'ainsi en avenist, jamais joie n'avroie ;   (v°)
« Et se bon vous sembloit, sire, je loeroie,
« Que vous retornissiez, car se Diex me doint joie
« Vos barons venront tost, il sont mis a la voie,
320 « Car je les vi monter quant je m'en partissoie.

301. Que onneurs, *ms.* Conneurs — 311. P, la mort.

   — Amis, » ce dit Butors, « drois est que je t'en croie,

   « Mais j'ai, par Dieu, moult grant desir que je les voie.

   — Sire, » dit li varlès, « pour quoy vous mantiroie ?

   « Quant courtoissie ai pris, se je ne m'en louoie

325 « J'en vauroie trop mainz et a vous l'embleroie.

   — Porquoy ? » ce dist Butors, « di moy, se Diex t'avoie,

   « T'a on aucun bien fait en mi lieu de ta voie ?

   — Ouyl, » dit li varlès, « mais por certain cuidoie

   « Mourir dedens cel bois quant en milieu estoie,

330 « Car mes chevaus mourut que chevauchier devoie,

   « Si vi .iiij. murdrie[r]s dont forment m'esmaioie

   « Ainsi qu'en la forest tout a pié m'en venoie.

   « Li .j. de ces murdriers me prist par la courroie,

   « Et dit que leur truage avec moi emportoye,

335 « Et que de mon chatel ou du cors paieroie.

   « Et je leur respondi : Je n'ai grain de monnoie.

   « De vous me renommai et dis qu'a vous estoie,

   « Et que d'un lonc mesage a vous m'en retornoie.

XVIII

   « Quant li .iiij. murdrier m'orent moult apressé,

340 « Il en i avoit un mout plain de grant fierté

   « Qui dit a moi : Amis, or me di verité,

   « Es tu dont a Butor, le seigneur redouté ?

   « C'est mes cousins germains en fine loiauté, (f° 10)

   « Et pour l'amour de lui j'avrai de toy pitié,

345 « Et si te baillerai .j. destrier ensellé.

   — Sire, por vostre amor me fist ceste bonté ;

   « Son non li demandai en fine loiauté

   « Et il le me dist tost voulentiers et de gré :

   « Morgadas de Tarsie, ainsi l'a on nommé.

350 « Chiers sire, il m'a donné ce cheval abrivé,

   « Et quant en vostre non m'a fait telle honnesté

   « J'en rens graces a vous, plus ne vos ert celé.

352. ert, *ms.* est.

XIX

— Amis, » ce dist Butors, « par mon chief, droit en as.
« As tu donques veü mon cousin Morgadas ?
355 — Sire, » dist li varlès, « ouïl, et si n'est pas
« Plus d'une lieue loing, car il vont tout le pas,
« Il et si compaignon qui s'en vont par estras ;
« Et si n'i a nul d'eulz qui soit point granment las.
— Vien avant, » dit Butor, « sés tu que tu feras ?
360 « Tout droit a la Montaigne au chastel t'en iras :
« Entre dedens la porte, et ou dongon verras
« Que tu dies au queus ou tu le trouveras,
« Que li dingners soit près, sans nul autre avocas. »

XX

Li mesage s'en vint errant sans plus atendre
365 Tout quanque ses chevaus pot corre ne destendre ;
De ci qu'a la Montaigne oncques ne volt descendre.
Et Butor le suivoit sans nul encontre atendre,
Et tuit li chevalier qui de lui furent mendre
Alérent tout après sans autre chemin prendre,
370 Mais quanque li cheval se povoient estendre.   (v°)
Chascun au chevauchier alérent tout enprendre
Et a suivir Butor de bon vouloir entendre,
Et couroient ausi que s'en les vousist prendre.
Mais qui veïst Butor sur son cheval estendre,
375 Torner et retorner, bien y peüst comprendre
Proesce et hardement, et grant honnour aprendre,
Dont alérent courant a la porte descendre.

XXI

Mais li mesage fu devant eulz ou chastel ;

365. Tout, *corr.* Tant ? — 370. quenque. — 370 et 374. estandre.

Si trouva a la porte .j. cortois damoissel,
380 Qui sur son poing tenoit .j. gracieus oissel.
Au messagier a dit : « Sés tu rien de nouvel ?
« Veïs tu monseigneur, la vers cel arbrecel ?
— Ouïl, sire, » dist il, « il est en grant revel,
« De ce que j'ay esté en l'ille de Bourdel,
385 « Car il a tout mandé, et viel et jouvencel
« Le veignent conseiller par dedans son chastel,
« Car il fera porter son enfant au ruissel.
« Ainsi l'a il juré, et par saint Danïel
« Il n'est nus qui li puist oster de son cervel,
390 « Et si li deüst on froissier d'un grant martel.
— Amis, » dit li vassaus, « de si noble jouel
« Comme est li filz Butor ne donroie .j. annel :
« Il en sera marris ainz qu'il voie Noel. »

XXII

Quant li mesage fu au perron descendu[s]
395 Il entra en la porte et ou palais lassus ;
Tout droit en la cuissine est tout errant venus.
Si tost qu'il vit les queux pas ne fu esperdus,   *(f° 11)*
Mais leur dist : « Li diners est il tous pourveüs ? »
Quant l'oïrent li queux chascun fu esmeüs,
400 Et dirent : « Que t'en chaut ? nos saussiers est perdus. »
Li mesagiers respont : « Si soiez vous pendus !
« Ja de vous en avra grant plenté de batus,
« Car vesci monseigneur ou il est descendus. »

XXIII

Quant li queus ont oy le mesagier parler,
405 Il ont fait tout errant les tables aprester,
Les napes furent tost misses sans cesser,
Et Butor entra ens et tuit li bacheler.

406. *Corr.* arester?

.VI. chevaliers i ot a Butor desmonter,
Car onques plus gentilz ne pot armez porter,
410 Ne onques plus hardis de lance bouhorder,
Ne miex ferans d'espée .j. haubert endosser
Que li cors de Butor dont vos m'oez conter;
Mais il estoit viex hons, souffrir ne pot l'armer.
Adont commanda on l'iave errant a corner.
415 Quant elle fu cornée on cria a laver,
Et quant on ot lavé on s'asist au dingner;
Puis fu on bien servi, de ce ne faut douter,
Car de quanque on puet noble homme saouler,
Butor en fu servis por li plus honnorer ;
420 Mais riens ne li plaissoit c'on li peüst donner,
Por ce qu'il pensoit tant a son enfant porter
Par delés la fontainne et lui aventurer ;
Dont dit .j. chevaliers : « Qu'avez-vous a pensser ?
« Sire, pour Dieu merci, veilliez de vous oster   *(vº)*
425 « Toute melencolie et vous .j. pou jouer.
— Vraiement, » dit Butors, « je ne puis reposser :
« Mi baron pourront bien, je croy, trop demourer;
« Mès, par le roy des ciex que chascun doit loer,
« Jamais par leur conseil ne m'en verront ouvrer
430 « S'il ne viennent avant que je voie avesprer. »

XXIV

Tout ainsi que Butors fu au digner assis
Il vint .j. messagier en son palais votis
Qui tenoit en sa main et lectres et escris.
Si trouva .j. serjant qui gardoit le postis,
435 Si li a dit : « Por Dieu enten a moy, amis,
« En quel point est Butor li frans princes gentis ?
— Amis, » dit li serjans, « il est pieça servis ;
« Si tu y veus parler il est tans, ce m'est vis. »
Li messages respont : « Dous compains, grant mercis. »

418. quan cô,

440 Il vit .j. chevalier, si est vers lui vertis,
    Errant li demanda : « Gentilz hons seignoris,
    « Enseigniés moy Butor au semblant et au vis. »
    Li chevaliers respont : « C'est cilz barbés floris ;
    « C'est li plus ancïens de quanque tu vois ci. »
445 Li messages y va, point ne fu esbahis.
    Quant il vint devant lui si est a genous mis,
    Et si le salua com varlès bien apris,
    Et dit : « Li roys des ciex qui maint en paradis
    « Il saut et gart Butor a tous ses bons amis.
450 — Diex te gart ! » dit Butor, « qui t'a ici tramis ?
    — Sire, » dit li varlès, « je vieng du haut païs ,   (f° 12)
    « A cent chevaliers sui qui sont en ces larris,
    « Qui viennent a vo mant comme gent de haut pris. »
    Et quant Butor l'oy, si en fu esjoïs,
455 Si donna au varlet mile mars d'or masis.

XXV

    Quant Butor ot oy le mesage au cors gent,
    Il comanda oster les tables vistement ;
    Dont fu l'iave aportée aus tables noblement
    En .iiij. bacins d'or moult grascïeussement.
460 Quant chascun ot lavé assez cortoissement,
    On demanda le vin et on but largement,
    Et puis si dist Butor : « Faites delivrement
    « Tost crier as chevax, sans nul arestement,
    « Car je vueil chevauchier au devant de ma gent. »
465 Dont fist on commander a tous comunaument
    Que cheval fussent prest por monter noblement.
    Escuier et varlès saillirent aprement
    Quant il orent oy tout le commandement
    Que Butor avoit fait selonc son essient.
470 Quant cheval furent prest on les trait hors briesment,
    Mais li chevaus Butor fu le plus richement,

---

444. enciens... tu en v.— 459. En, *ms.* Et. — 462. delivreement.

Car il avoit sur lui une selle d'argent,
Qui toute estoit ouvrée a pelles d'Orient;
Et Butor i monta assez legierement,
475 Mais il i montast miex s'il fust en son jouvent.

XXVI

Quant Butor fu montez, tuit li autre montérent;
Par dehors le chastel tout errant en alérent;
Mais bien povés savoir que moult poù chevauchiérent,
Quant tous les chevaliers de Butor encontrérent   [(v°)
480 Par desous les larris ou il se deportérent.
Quant il virent Butor, .j. petit s'eslessiérent,
Et parmi ces larris leur chevaus esprouvérent;
De courre et de racourre onques il ne finérent.
Quant vindrent a Butor grant joie demenérent.
485 Dont mistrent pié a terre et puis si l'enclinérent.
Li grant et li petit grant honnour li portérent;
Come leur droit seigneur hautement l'onnorérent,
Et moult courtoissement a Butor demandérent
Pourquoy il les manda, onques plus n'arestérent.

XXVII

490 Ainsi jusqu'au chastel alérent tout parlant,
Et Butor leur a dit, un chevalier vaillant :
« Je vous requier, por Dieu, vo conseil maintenant.
« De ma jonne moillier ai .j. moult bel enfant,
« Et si n'a pas troys jors qu'elle en ot travail tant
495 « C'onc dame n'en ot plus en tretout son vivant.
« Or le veu ge envoier ou bois de Bersillant;
« Une fontaine y a, belle et clere et luissant;
« Et sachiez por certain qu'il i a repair grant
« De fées seulement qui y vont esbatant.
500 « Or i pourroit cheoir aventure plaissant,

475. i, *ms.* li. — 490. parlent. — 495. onques.

2

« Et destinée ausi noble et moult souffissant
« Distes moi vos conseil a .j. brief mot errant. »
.I. chevalier i ot c'om apeloit Bruiant,
Que Butor tenoit bien a tout le plus sachant ;
505 Si a dit a Butor moult fort en soupirant :   *(f° 13)*
« Baron, sire Butor, et qu'alez vos pensant?
« Je suis certains que vous alez tout radotant,
« Qui voulés perdre ainsi ce que nous amons tant.
« Vous n'avez mais en vous de sans ne tant ne quant :
510 « Vous estes uns viés hom, s'avés terre poissant ;
« Se li anfes mouroit en cela atandant,
« Qui tenroit après vous vostre cité vaillant
« Quant vous n'avez plus d'oir de vo char maintenant ?
« Sire, nous vous prions por Dieu le roy amant
515 « Que vous ne faites pas vostre cuer lié dolant. »

XXVIII

Quant Butor entendi le conseil des barons
Onques de lui ne fu nus plus esragiés hons,
Et leur a dit : « Seigneur, c'est bien m'antancions
« Qu'avant qu'il soit demain que nous l'i env[i]ons.
520 « Jamais vostre conseil vraiement ne querrons,
« Car j'ai ouï parler des destinacions
« Dont honneur et porfit bien avoir y poons.
« Car puisque c'est vos grés, sachiez nous le ferons.
« Or veigne au plaissir Dieu ! nous l'i envoierons.
525 « Jamais por vo conseil ne nous en cesserons. »
— Par ma foy, » dit Bruians, « franc princes c'est raisons,
« Or faites vo plessir car moult bien le greons,
« Maugré en aions nous car faire le devons,
« Puisqu'il vous vient en gré tout nous y otrions;
530 « Mais la mort de l'enfant vraiement resoingnons,
« Car se vous estes mors et cestui ci perdons

---

516. des, *ms.* de ses. — 523. nos, *ms.* uos.

« A plus noble seigneur jamais nous n'avandrons.*(v°)*
« Or soit au plaissir Dieu et ses gloriex nons. »

XXIX

   Or s'en vont tout emsemble [et] parlant .ij. et .ij.;
535 Butors aloit devant, li chevaliers crueus,
   Qui por l'amour son fil estoit liez et joiex,
   Qui estoit biaus et gens et en tout graciex,
   Car il avoit espoir qu'il fust bieneüreux,
   Et por ce estoit il tout adès desireus
540 Que ses filz fust portés ens ou lieu deliteus
   Ou li repairs estoit des fées amoureus
   Afin que li sien filz en fust plus engingnex,
   Plus hardis plus poisans et en tout coragex
   Por achever les fais des griés guerres mortiex,
545 Et sans de vilain visce estre point couvoiteus.
   Ainsi pensoit Butors a par lui trestous seus.
   Si dissoient entr'aus aucun maleüreus
   Que leur sires estoit trestout frenessïeus,
   Et li autre dissoit qu'il estoit orguilleus
550 Por ce qu'il ne parloit trop plus souvent a eus,
   Et li tiers redissoit qu'il estoit outrageus.
   Ainsi jusqu'au chastel s'en vont sans faire deus,
   Si entrérent dedens sans nul pas perilleus.

XXX

   Quant Butor fu venus tout droit a la Montaigne,
555 Dedens la chambre entra ou trova sa compaigne
   Qui li fist biau semblant et non pas trop estrange ;
   Car mout estoit malade, c'est bien drois qu'il la plaigne,
   Et il le fist de cuer et non pas par engaigne,
   Et li dit : « Belle suer, n'est drois que je me faigne,*(f° 14)*
560 « D'acomplir vo vouloir est drois que je m'empaigne,

540. repaires. — 548. leurs.

« Et je le ferai bien, ainz que plus en remaigne.
« Il a des lieus faés es marches de Champaigne,
« Et ausi en a il en la Roche grifaigne,
« Et si croy qu'il en a aussi en Alemaigne,
565 « Et ou bois Bersillant, par desous la Montaigne ;
« Et nonporquant ausi en a il en Espaigne,
« Et tout cil lieu faé sont Artu de Bretaigne.

XXXI

— Sire, » la dame a dit, « pour Dieu, or m'escoutez :
« A quele fin ces mos ci recordés m'avez ?
570 « Roys Artus de Bretaigne a moult de lieus faés,
« Mais je ne sai pourquoy de ce ci me parlés.
— Dame, » ce dit Butor, « assez tost lo sarés :
« Vous avez .j. enfant, je croy qu'il fu hier nés,
« Et si fu de ma char en la vostre engenrés,
575 « Qui sera, se Dieu plaist, chevaliers esprouvés,
« Et si tenra après no mort, nos herités.
« Si vous requier pour Dieu qu'un seul don me donés,
« Et se je vous demande autre que ne vourés,
« Je vous en pri por Dieu qu'il soit anicillés.
580 — Sire, » respont la dame, « or avant demandés :
« S'il n'est moult outrageus vraiement vos l'avrés.
« Et je croy bien pour voir que ne demanderés
« Que chose de raison, en toute[s] honnestés.

XXXII

— Dame, je vous requier de voulenté certaine
585 « Que me donnez vos fil qui en vos char humaine
« A esté engenrés, dont vous n'estes pas saine ; (v°)
« Si le ferai porter tout droit a la fontaigne,
« Ens ou bois Bersillant, en ceste nuit seraine,
« Car il li puet cheoir honneur si tré[s] hautaine,

585. en, *ms.* est.

590 « Proesce et hardement, de ce soiez certaine;
  « Ceste demande n'est, je croy, pas trop vilaine,
  « Car j'ameroie miex estre noiés en Saine,
  « Ou estre ars ou pendus par la loy souveraine;
  « Que mes anfes fust mors en sus de mon demaine. »
595 La dame respondi : « Vostre voulenté vaine
  « Fait qu'il n'a en mon cors nerf, os, ne char, ne vaine
  « Qui ne se mue en moy, tant ai dolour grevaine;
  « Et si que je ne sai comment je me demaine,
  « Car mon enfant avrai perdu ceste semaine.

XXXIII

600 — Dame, » ce dit Butor, « ne vos courouciez mie,
  « Je vous em pri, pour Dieu, com ma loialle amie,
  « Si com amés de moy adès la seignorie,
  « Que vostre voulenté soit a ce apliquie
  « Que l'anfant me donnés tant que de vo partie,
605 « Et je veu et promet a la vierge Marie
  « Que c'ert li plus biaus dons c'onques en vostre vie
  « Donnastes a mon cors dont vous estes chierie,
  « Car amoureussement le vous requier et prie.
  « Dame, ceste proiére or ne refusés mie,
610 « Car elle vous sera, se je puis, bien merie,
  « Et requeste d'ami ne doit estre oubli[i]e;
  « Quant vous estes de moy honnorée et servie,
  « Refusser ne devez ceste premiére fie.   (f° 15)

XXXIV

  — Sire, » respont la dame, « or entendés a mi :
615 « Mon enfant vous otroi, puisqu'il vous plait ainsi,
  « Mès je vous pri, pour Dieu, que vous pensés de li,
  « Car on l'avroit errant estranglé ou murtri;
  « Et nous n'en avons plus, si que por ce le di

600. *Ms.* or ne v.

« Que vous en pensez bien, por Dieu je vous en pri.
620 — Dame, » ce dit Butor, « n'en soiez en sousi :
    « Je serai assez près, por certain vos afi.
    — Chiers sires, » dit la dame, « et je le vous otri ;
    « Or voist au non de Dieu que je tien por ami !
    « Or le me raportez ennuit sans nul detri.
625 — Dame, » ce dit Butor, « por voir je vos plevi
    « G'annuit vous le ravrés ainz qu'il [soit] aseri. »

XXXV

Or fu li enfes pris et de la chambre ostés,   *(v°)*
De la nourice fu trés bien envelopés
  En dras d'or et de soie en Sarrazin ouvrés.
630 Hors de la chambre fu richement emportés ;
  Si atendi on tant que li jours fu alés,
  Et que li soulaus fu plainement esconsés.
  Adonques a Butor ses chevaliers mandés
  Si leur a dit : « Seigneur, por Dieu or m'escoutés :
635 « Il n'en i a ci nul qui ne soit mes privés
    « Et qui ne m'ait promis hommage et loiautés ;
    « Vesci veez .j. enfant qui est tous nouviaus nés,
    « Ma fame en eut hier soir trés parfetes grietés,
    « Il m'a esté de lui ostroiés et donnés,
640 « Par si que faire en puis toutes mes voulantés.
    « Or regardés par qui il sera bien gardés,
    « Car il faut qu'ennuit soit en Bersillant portés
    « Par desous la fontaine ou vos le garderés. »
  Bruiant d'Inde maiour si s'est en piés levés
645 Et dit : « Sire, j'ai fait hommage et seürtés
    « A vous et si en tieng toutes mes herités ;
    « Mais je veu et proumet, et si est verités,
    « Que pour avant mourir et estre decopés

---

626. *Ms.* auseri. — *Suit une miniature accompagnée de cette ru-*
brique : Coment Butor de la Montaigne bailla son filz a Bruiant
pour porter aus aventures.

« Plus menus que li chars dont on fait les pastés,
650 « Que par moy ert ceans vos anfes raportés ;
« Et s'il plus de mal a que maintenant veés,
« Je vous em pri, por Dieu, que tantost me pendés.*(f° 16)*
— Par ma foy, » dit Butor, « chevalier, vous l'amés
« Onques tés mos n'issi de cuer sans amitiés. »

XXXVI

655 Quant Bruians ot parlé, .j. autre se leva
Et dit qu'entre ses bras l'enfant enportera,
Et si dit a Butor qu'il le raportera,
Mais desus la fontaine avant il le metra ;
Et si sera si près que bien ouïr pourra
660 Tout canque destiné dès fées li sera.
Quant Butor l'entendi, si trés grant joie en a
Que li cuers de son ventre en son cors sautela.
Tel joie avoit au cuer qu'a poy ne se pauma,
Et dit au chevalier : « Sire, moult grant piece a
665 « M'avez moult bien servi, mais a ce cop parra
« Au garder mon enfant qui le miex m'amera,
« Et qui le don faé bien me raportera. »
Respont li chevaliers : « Et qui l'anfant faura
« Ausi haut soit pendus c'onques oissiax vola,
670 « Et qui de bien garder l'enfant ja se faudra.
— Seigneur, » ce dit Butor, « or gardés qu'il soit ja
« A la fontaine mis quant li jours vous faura
« Et gardés bien [que faites] quant li eure vendra
« Par quoy li enfes ait ce qu'amours li donra,
675 « Car espoir vraiement que grant bien li venra. »

XXXVII

Butor de la Montaingne a sans corage nice
Pris le petit enfant es bras de la norrice,
Qui fu envelopés en .j. drap noble et riche ;
Mais il estoit avant dedans une pelice. *(v°)*

680 Si le bailla Bruiant pour faire son service,
Et l'autre chevalier qui moult forment ert riche ;
Car s'il fust roys de Gresce ou prince de la Liche
Si deïst on : « Veez la la crueuse justice,
« Car en grant hardement tout le sien cuer justice. »

XXXVIII

685   Li doy noble baron ont encherchiet l'enfant,
Si ont dit a Butor : « Sire, venés avant :
« Nos vous avons couvent que puis ore en avant
« Que jamès ou chastel ne serons retournant,
« S'avra vos filz esté ou bois de Bersillant,
690 « Par desous la fontaine et le gravier courant.
— Seigneurs, » ce dit Butor, « or i alez errant,
« Si menés avec vous de ces chevaliers tant
« Que mes filz soit gardés, car besoing en a grant. »
Adont furent armé bien .I. serjant
695 Et .xxx. chevalier hardi et comb[at]ant.
Il n'i avoit celui qui n'eüst jaserant,
Pans et bras et escus et espée tranchant,
Bacinet et camail plus cler et plus lüissant
De glace de mirouer ou d'une yave courant.
700 Quant tuit furent armé, li chevalier vaillant,
Serjant et escuier s'armérent maintenant ;
Chascun d'eus est montez ou destrier auferrant,
S'issirent du chastel, pas a pas chevauchant ;
Et quant tuit furent hors Butor ala devant,
705 Si dist aus chevaliers qui tenoient l'enfant,
Mais tout premiérement il le dit a Bruiant : (f° 17)
« Je vous requier por Dieu, le pére tout puissant,
« Que bien gardés mon fil : c'est quanque j'ai vaillant.
« Vous savez que ma fame en a le cuer dolant,
710 « Mais s'il plaist a Jhesu joie en avra plus grant. »

---

681. ert, *ms.* est.— 682. de la Liche, *ms.* d'Antioche.— 687. vous,
ms. veus. — 708. quenque.

Dont s'en ala Butor ou chastel soupirant,
Ou la dame trouva ses .ij. poins detordant ;
A son povoir l'ala Butor reconfortant.

XXXIX

Or s'en vont chevauchant li chevalier armé,
715 Car li eure aprochoit d'aler ou bois ramé.
Bruiant en a l'enfant entre ses bras porté
Et .iiij. chevaliers l'avoient adestré,
Mais on avoit l'enfant trés bien encortiné,
Pour le temps qui fu frois encontre l'avespré.
720 Tant ont li chevalier chevauchié et erré
Qu'il choissirent le bois qu'il virent grant et lé.
Adont parla Bruians qui le cuer ot sené,
Et leur a dit : « Seigneur, ou non de Trinité,
« C'un petit entendés de ce qu'ai en pensé.
725 « Nous en portons l'enfant no seigneur redoubté,
« Je vous suppli tretous par trés fine amisté
« Que nous n'alons que .iiij. ou propre lieu faé
« Car se tous i alons ce sera mal ouvré. »
Li chevalier a qui Butor l'avoit livré
730 A dit : « Vous dites bien, nous ferons par vo gré,
« Mais avant nous verront juques au bois ramé
« Tant qu'il nous aient mis du tout a sauveté.
— Sire, » ce dit Bruians, « vous dites verité. » *(v°)*
Or ont li chevalier jusqu'au bois cheminé,
735 Et quant il vindrent la, si sont dede[n]s entré,
Mais de tous les vassaus n'en i a demouré
Que .iiij. seulement, que tous s'en sont alé.

XL

Li .iiij. sont entré bien parfont ens ou bois,
Et li autre vassal estoient au hernois,

719. la uespré. — 726. amistié.

740 Qui de la grant forest gardoient les destrois.
    Li .iiij. ont escouté, si ont oy la vois
    D'une fame qui dit : « Mes maris gist tous frois
    « Mors en ceste forès, si n'est pas mes otrois
    « Que cilz qui le m'a mort ne soit pris, je la vois. »
745 Adonques, dist Bruiaht aus chevaliers cortois :
    « Sire, se vous voulés ouvrer tout a mon chois,
    « Si gardés cel enfant par amour, et je vois
    « Savoir s'il avroit la de fames .ij. ou trois. »

XLI

    Li chevalier respont Bruiant cortoisement :
750 « Je garderai l'enfant bien et soigneusement. »
    Et Bruiant s'en parti tost et isnellement ;
    Si issi de la sente et vint assés briesment
    Ou il avoit oÿ la vois premierement,
    Et la trouva il mort .j. chevalier senglent,
755 Qui avoit en son cors de plaies plus de cent,
    Et trouva une dame avec li en present.
    Et quant Bruiant la vit, si li dit doucement :
    « Dame, qui a ocis ci si vilainement
    « Ce chevalier que voy navré si malement ? »
760 La dame li respont : « Vous le savrez briesment : *(fº 18)*
    « Ç'a fait li chevaliers qui nul homme ne prent
    « A nule raanson si tost qu'i le desment.

XLII

    — Dame, » ce dit Bruians, « or ne vous esmaiez :
    « Li chevaliers sera assez briesment vengiez,
765 « Car cil qui l'a ocis sera pris et liez
    « Ou il ert a l'espée ocis et detrenchiez.

756. presant.

« Dites moy, savés vous ou il est enbuchiez?
— Sire, » respont la dame, « or ne vou[s] travailliez,
« Car .iiij. lieues est bien avant chevauchiez.
770 — Dame, se vous voulés, de moy sera chaciés. »
La dame li respont : « Vo paine perdrïez,
« Si vous requier merci que vous vous en ailliés,
« Sur le cors mon seigneur demanter me laissiés.
— Dame, » ce dit Bruians, « li jours est anuitiés,
775 « Si que pour bien vous lo qu'avec moy en veigniés,
« Et vos sire sera sur .j. cheval chergiés :
« Pusqu'il est gentieus hons il doit estre essauciés.
— Sire, » ce dit la dame, « or ne vous merveilliés,
« Quant je pers monseigneur se mes cuers est corciés,
780 « Car avecques ce m'est mes anfes chalangiés,
« Qui pour eür avoir estoit ci adreciez. »

XLIII

Et quant Bruians oy la dame ainssi parle[r],
Si li vot doucement enquerre et demander
A quel fin la avoit son enfant fait porter.
785 La dame li respont : « Pour honneur conquester,
« Pour avoir destinée et pour avanturer.
— Dame, » ce dit Bruians, « le pourroit on trouver? *(v°)*
La dame respondi : « La mort l'a fait finer,
« Car .j. crueus serpant si le vint estrangler
790 « Si tost que mon seigneur commança a chapler
« Au larron chevalier qui l'a voulu tuer,
« Si que, sire, pour Dieu, lessiés me atant ester,
« Et si vous en alés, car ci me faut finer. »

XLIV

Quant Bruiant ot oy de la dame l'afaire,
795 Il en ot en son cuer por pitié grant contraire,

784. aporter.

Et li dit doucement : « Ma dame debonnaire,
« Pour Dieu ne vous ennoit, j'ai .j. petit afaire ;
« Assez tost revenrai devers vous sans mesfaire. »
Bruiant s'en departi sans plus de sermon faire,
800 Si revint tout errant ou lieu et ou repaire
A ses troys compaignons qui gardent sans forfaire
Le petit enfançon par amoureus afaire.
Et quant Bruiant i vint, si le vot a li traire,
Et on li delivra sans noissier et sans braire.
805 Moult doucement le prist et sans mal faire traire,
Mais tous jours ot paour, por ce qu'oy retraire
La dame en la forest le grief de son contraire.

XLV

Li chevalier s'en vont par la forest ramue
Par une sentelete ou poignoit l'erbe drue,
10 Mais quant Bruiant souvient de la dame, tresue,
Pour l'amour de l'enfant souvent [la] couleur mue,
Souvent se retournoit com oisiaus pris en mue.
Or ont tant cheminé et leur voie tenue,
Que dedens Bersillant qui est grande et fueillue *(f° 19)*
815 La riviere ont oye de bien courre esmeüe.
Or ont tant alé sus la gravele menue,
Que la fontaine fu d'aus .iiij. perceüe ;
Or estoit près que temps que l'eure fust venue
Qui avoit esté d'aus longuement atendue.

XLVI

820 Li chevalier s'en vont tout selonc le gravier
Qui enportent l'enfant a Butor le guerrier ;
Ainz qu'il soit jours feront son cuer esleescier.

805. s. nul m. — 810. d. si t.

Tant selonc la riviére ont pris a chevauchier,
Et si n'i ont trouvé qui leur face encombrier.
825 Si ont de loing choisi .j. moult bel chastenier,
La ont veü [les fées] maintes foys repairier,
Tout ce qui leur avoit en celle nuit mestier.
A l'arbre sont venu li .iiij. chevalier,
Chascuns est descendus errant de son destrier,
830 Mais Bruians atendi sur son cheval coursier,
Tant que li autre troy fussent jus de l'estrier;
Et puis pristrent l'enfant belement, sans blecier,
Car il n'i ot celui qui ne l'eüst moult chier,
Si que chascuns estoit tenus a li aidier,
835 Et de tout son povoir doucement aaissier.
Adont se sont assis desous le chastenier,
Et si pristrent l'enfant bien a rapareillier,
Et li mirent son chief desous .j. orillier.

XLVII

Li enfes fu ou bois cui biauté enlumine,
840 Que la couleur avoit gracieuse et sanguine.
Quant Bruiant le vit tel, si dit : « Vierge roïne, *(v°)*
« Ausi que ma pensée est du tout enterine,
« Que vos cors alaita la puissance devine,
« Donnés a cel enfant ennuit si bonne estrine
845 « Qu'en son lignage n'ait ne parant ne cousine
« Qui n'en soit honnorés de lui a brief termine,
« Car ses viaires est tains de couleur rosine
« Et flaire plus souef que ne fait fleur d'espine.
« Si sera grant meschiés se tex enfes decline
850 « Qui a toute biauté parfaitement encline.
« Or le gart Diex anuit de male sauvagine
« Car mes cuers est creans que quanque Diex destine
« Doit en lui aparoir tout a face benigne. »

---

823. Tant, *corr.* Tout ? — 839. cui, *ms.* qui. — 850. *Corr.* A cui
t ? — 851. anuit, *ms.* auet.

XLVIII

Dist Bruians : « Il est tans que de ci nous partons. »
855 Et li troy compaignon dirent : « Il est raisons.
« Or veille Diex garder l'enfant : nous le lairons,
« Ne jamais devers li nous ne retornerons
« Juque a l'eure que nous aucun bien en sarons. »
Dist Bruians : « Biau seigneur, or [par ci] nous muçons ;
860 « Alons dedens le bois, mès pour Dieu n'esloignons
« Cel estre la ou il est, que l'enfant ne perdons,
« Car s'il estoit perdus, sachiés pendus serions ;
« L'eure aproche que tost les nouvelles orons,
« Qu'a Butor no seigneur, se Diex plest, porterons ;
865 « Et soiés tous certains que riens n'i perd[e]rons,
« Mais que l[e sien] enfant sain et sauf raportons,
« Avec le grant eür que nous i atendons.
« Or faites, biau seigneur, et si nous en alons ; (f° 20)
« Montons sur nos chevaus, o nous les enmenons,
870 « Et si soions en lieu ou bien veoir puissons
« Ce pour quoy sommes ci et que nous atendons. »

XLIX

Quant des compaignons fu lessiés li jouvenciax,
Il sont errant monté sur leur .iiij. chevaux,
Si sont entrés ou bois en faissant moult grans saux,
875 Mais demouré estoit .j. mout riche jouaux,
Et si trés graciex et si especïaux
C'onques nus hom ne vit, ne pappe ne legax,
N'arcevesque[s] ausi, prelas ne cardinaux.
Or fu des chevaliers pris si nobles consaus
880 Qu'il se mistrent ou bois sans noisse et sans travax.
Quant il furent muciés si dissoient entr'ax,
Que nus ne les ooit : « Cilz enfes est royaux ;

---

858. Juques. — 860. Corr. L'estre ? — 864. se, ms. de.

« Encore sera il nos sires principaux,
« [Et] en pluseurs bons fais nos mestre gouvernaux. »

L

885   Quant des chevaliers fu finée la querelle,
Qu'il laissierent l'enfant delés la fontenelle,
Qui fu clére c'argent ou fons de la gravelle,
Dont l'iave descendoit merveilleusement belle,
Onques si clers ne fu vis argent qui sautelle,
890 Car la fontaine estoit luissant comme estincelle ;
Plus verde estoit entour que tarin qui apelle,
Et si avoit entour mainte belle flourcelle
Dont on voit le sorjon qui gentement flaielle ;
Trop miex plaist a veoir c'ouïr son de vielle,
895 Ne qu'a baissier aussi une douce pucelle.   *(v°)*

LI

Si que li chevalier estoient la endroit,
Et que chascun des .iiij. a l'enfant moult pensoit,
Pour ce qu'en grant peril sur la fontaine estoit,
Chascun d'eus en son cuer parfaitement prioit
900 Que Diex aidast l'enfant que bien sauver povoit.
Ainsi que chascun d'eus moult melancolioit
Il ouïrent .j. chant c'une dame chantoit
Si gracïeussement que proprement sembloit
C'angles de paradis venissent la endroit,
905 Et tout en ce moument que la dame cessoit
Une autre dame après .j. chant recommançoit,
Et la tier[c]e les .ij. a son tour responnoit ;
Chascune main a main a l'arbre s'en venoit
Et adès en chantant le sien cuer deduissoit.
910 A la fontaine ainsi chascune s'en venoit.

910. *Miniature précédée de cette rubrique :* Coment le filz Butor
de la Montaigne fu portés ou bois de Bersillant et mis dessus unne
fontainne.

LII

A l'arbre vindrent tost les dames gracïeusses *(f° 2 1)*
Qui trés parfaitement estoient amoureusses,
Qui de toute bonté estoient vertueusses,
En bien et en honnour et en sens plentureusses,
915 Et de bien faire adès estoient desireusses,
Et des visces fuïr estoient couvoiteusses,
Et en deduit mener estoient gaieteusses,
Et de biaus dons donner estoient mult soigneusses.
Et quant li chevalier les virent si jouïeusses,
920 Et en toute honnesté parfaitement soigneusses,
Il dirent en leu[r]s cuers : « Elles sont gracieuses,
« Et s'apert vraiement qu'elles sont amoureuses. » *(v°)*

LIII

Les dames dont je di si estoient faées
Qui si trés noblement estoient asesmées.
925 Leur cors furent plus blanc que n'est noif sor gelée,
Et si trés chiérement estoient atournées,
Car de couronnes d'or furent toutes dorées
Et de blans dras de soie estoient aournées ;
Enmi de la poitrine estoient escollées.
930 Se uns hom eûst erré .ij. .c. mile journées
Ne fussent point par li trois plus belles trouvées,
Et s'eûst conversé en cent mile contrées.
Et quant des chevaliers furent bien avissées,
Leur courage mua et toute[s] leur pensées,
935 A celle fin que d'eus furent moult desirées
Pour la biauté de quoy elles furent parées.

930. h. en e.

LIV

Quant les dames de cui ma chançon se demaine,
Choissirent l'enfançon par devers la fontaine,
Si ont dit elles troys : « Il est chose certaine
940 « Que cilz enfes ci est nez en ceste semaine.
— Si m'aist Diex, vous dites voir,» ce dist la primeraine
Qui des autres estoit en tout la plus hautaine ;
« Nés est nouvelement, j'en sui toute certaine. »
La seconde si dit : « Dame, il a trop de paine
945 « [Eü] en ci venir ; or ne soiés vilaine :
« Faites li aucun bien, puis qu'il a vie humaine,
« A ce qu'il ait biauté qui de tous biens soit plaine,
« Et ce se non, par Dieu, ma voulenté m'amaine
« Afin qu'il ait de moy courtoisie si saine   *(f° 22)*
950 « Que s'onneur acroistra ainz que passe quinsaine,
« Si c'om en parlera jusqu'a l'iave de Saine.
« Pour Dieu, delivrés vous, si n'en soiés est[r]aine,
« Car il doit bien de vous avoir aucune vaine ;
« Por ce vous en supli, dame trés souveraine. »

LV

955   La seconde, qu'en li ot bonnes voulentés,
Dit : « Dame, de par moi il sera estrinés :
« Je li otroy qu'il ait en lui toutes biautés,
« Et avec ce qu'i soit en tout si dotrinés
« C'on puist dire partout qu'a bonne eure fu nés ;
960 « Et avec ce, qu'il soit en tous fais d'armes tés
« Que de toute proesce il soit plus redoubtés
« En guerres, en tournois, en tous fais esprovés,

941. *Corr.* m'ait *et suppr.* vous? — 945. ci, *ms.* ici.

« Et de toutes gens soit plainement honnorés;

« Car je croy bien qu'il fu de bon sanc engenrés.

965 « Dame, faites li bien ; grant ausmonne ferés

« S'aucun bon don, pour Dieu, bonnement li donnés.

« Se mes dons est petis, pour Dieu si l'amandés,

« Car plus de bien que moy bien faire li poés.

LVI

   — Dame, » dit la mestresse, « en vous a pou de sens,

970 « Quant devant moy avez fait a l'enfant presens;

« Plus que je ne cuidoie est vos cuers neglisens.

« Et en despit de vous, tés est li miens asens

« Que cilz enfes qui ci est devant nous presens,

« Soit mendïans d'amie en ses jones jouvens,

975 « Et que de lui amer n'ait la dame talens

« A cui fera premiers auscuns acoi[n]temens.   *(v°)*

« Comment qu'il soit par vous noble, courtois et gens,

« Il avra en amour et paines et tourmens,

« Meschiés, douleurs, travaux, mais se tu le desfens

980 « Jamès ne soie je dame d'enchantemens,

« Ne ne puisse veoir roi Artu ne ses gens.

« Et si li doing le nom, en mes bautissemens,

« Du restor de Tristram, oiant tous ses parens.

LVII

   — Dame, » ce dit la tierce, « or ne vous anoit mie

985 « Se je fais a l'enfant aucunne courtoissie,

« Car je croy que ma paine i ert bien emploïe,

« Car il est bien estrais de si haute lignie

« Que plus nobles ne fu onques [nus hom] en vie :

« Or vueil a lui servir si metre m'estudie,

990 « Qu'a tous ses grans besoins li serai en aïe.

---

970. presaus. — 971. neglisaus. — 972. asans. — 973. presans. — 974. mendiens. — 979. trauuax. — 983. oient.

« Si ert de moy sa char entroduite et nourrie
« Tant qu'il sera en point de dessirrer amie;
« Car je met le mien corps du tout en sa baillie,
« Et si li aiderai tous adès sans folie.
995 « Si n'ert ja pour amer sa valour abaissie,
« Car voulenté d'ami ne doit estre changie,
« Fors d'amer loiaument tout adès esforssie,
« Si qu'ainsi ne pourra sa paine estre perie;
« Et se vous li avés destinée otroïe
1000 « Dont il ait en amant aucunne grant hachie,
« Au mains aucunne fois avra ma compaignie;
« Si le conforterai en lieu de sa partie,
« Par quoy sa douleur soit par oubli esbaudie. *(f° 23)*

LVIII

— Dame, » dist la maistresse, « or sai ge bien de voir
1005 « Que vous amés l'enfant, bien le puis parcevoir;
« Mais ausi grant eür peüst de moi avoir
« Se je voussise bien, mais ne m'en puet chaloir;
« Car, puis qu'entre vous .ij. le voulés pourveoir,
« Il viv[e]ra en joie et sans son cors doloir,
1010 « Asés ert riches hons, plenté ara d'avoir,
« Mais je ne veil mon don pas metre en nonchaloir.
— Dame, » ce dist la tierce, « or faites vo vouloir,
« Car je de moy le puis richement asseoir
« Si qu'il ne li chaura de tout vostre pooir.
1015 — Comment, dame! » dit elle, « avez vous .j. manoir
« La ou vous le ferés estre adès par estouvoir?
« Ou despit de vous .ij. et je le ferai hoir
« De la plus fausse amour que je pourré savoir.
— Dame, » dit la seconde, « or povés esmouvoir
1020 « Vo cuer, se vous voulez, ou tant a de savoir,
« Mais li enfes n'en doit ja pour ce pis avoir. »

1007. m. il ne.

LIX

La maistresse leur dist : « Vous m'avez tormentée,
   « Et pour ce li ai ge donné tel destinée ;
   « Et si sai bien que je n'i doy estre blaumée,
1025 « Mais il me convenoit acomplir ma testée,
   « Car j'avoie en mon cuer tristrece encorporée
   « Si que par ce point la elle en fu hors getée.
   « Et encor i a plus : s'amours ert si faussée
   « Que, presant le varlet, sa dame ert mariée
1030 « A un vilain boçu dont ele ert espoussée ;   *(v°)*
   « Si li donra congié en mains d'une avesprée,
   « Et ert plus sans raison que s'il l'avoit tuée. »
La tierce li dit : « Dame, estes vous forsenée ?
   « Aiés pitié de lui, vous estes radotée :
1035 « Desormais en serés de nous .ij. mains amée,
   « Car vostre niceté est bien ci aprouvée.
   « Et sachiez qu'ausi tost que s'amour ert donnée
   « Je m'en trairai en sus, tant qu'elle ert definée ;
   « Mais quant s'amour premiére ert a sa fin alée,
1040 « Et que du tout en tout sera anichillée,
   « La voulenté de moi sera renouvelée
   « Pour son cors pourveoir de la plus bele née
   « Qui de char d'ome fust a nul temps engendrée,
   « Or faites [vo] plaissir, je ferai ma pensée. »

LX

1045 Par desus la fontaine ainsi se demenoient
Les fées qui l'enfant ce destiné avoient,
Si que par mautalant l'unne l'autre blasmoient.
Ainsi qu'entor l'enfant mult noblement seoient,
Et de divers parlers l'une l'autre argüoient,

1024. blaumée, *le sens demanderait plutôt* louée, *ou suppr.* n' :

1050 Il sembloit tout adès qu'entre elles .iij. tençoient,
   Mais amoureusement l'enfançon regardoient,
   Et li en regardant doucement gracïoient,
   Et tous dis en leurs cuers parfaitement pensoient
   Comment si petis dons a li doner ossoient;
1055 Mais ens ou regarder l'enfant se delitoient,
   Et après les regars a la foys le baissoient.
   Ainsi avec l'enfant doucement se jouoient. *(f° 24)*

LXI

   Quant la orent esté moult grant piece seans,
   La dame d'elles troys dist : « Dames, il est tans
1060 « Que nous nous departons, or soit chascun[e] en grans
   « De son don acomplir, pas ne sui commançans;
   « Mais après le premier il ert tost percevans
   « Pourquoy ci est nommés li Restorés Tristrans.
   « Plus il n'ert ja amés et si sera amans,
1065 « Car de s'amour premiére il sera mendïans.
   — Dame, » ce dist la tierce, « or n'i soiés pensans,
   « Car s'il faut a .j. lés, ailleurs ert recovrans;
   « Quant vous faites vos dons, vous les faites si grans
   « C'unne mendre de vous n'i puet estre avenans.
1070 « Se vous avés bien fait or le soiés gardans;
   « Espoir en serés vous encore repentans,
   « Car s'il vit longuement il sera si vaillans
   « C'a vos dons ne sera nule riens acontans;
   « Mais pour Dieu, s'il avient qu'ailleurs troviez enfans,
1075 « Soiez d'umilité en vostre cuer manbrans,
   « Car plus est dame haute et com plus est poissans
   « Plus doit estre ses cuers a tous humelïans;
   « Celle qui ce ne fait n'est mie sousfissans.
   « Et cilz enfes ci est si dous et si rïans
1080 « Qu'i[l] n'est cuers tant soit fiers qui n'i soit enclinans.

1051. enfençon. — 1052. regardent.

LXII

 — Dame, » dit la maistresse, « aroñs ñous mès hui pès?
« Est il temps d'aler ent, serons nous ci hui mais ?
« Je vous ai en couvent, se mes dons n'estoit fais,
« Qu'encor avroit il pis, pour l'amour de vos plais. (v°)
1085 « Puis que vous le voulez, il est si trés parfais
« Que c'est un secont Diex ou il est contrefais;
« Onques ne fu par lui nus vilains mos retrais,
« Et il i a raison, fors qu'en cris et en brais.
« Puisque c'est vos plaissirs, du surplus je me tais ;
1090 « Mais en despit de vous ne le verrai jamais.
 — Dame, il n'en puet chaloir, bien portera son fais ;
« Je n'i aconte riens, vos dons li sont fortrais
« Quant il ert chevaliers, ains que passe li mais ;
« Car se nus gentis hons fust onques amans vrais
1095 « Cilx ci le sera tiex par amoureus atrais,
« Se vous en met au pis puis qu'il ert a moi trais.
« Laissons huimais ester, vos dons li est mauvès.»

LXIII

 Quant les .iij. eurent dit toute leur voulenté,
La tierce prist l'enfant, si l'a envelopé
1100 Dedens les dras de soie ou on l'avoit bouté,
Et puis si le baissa de bonne voulenté ;
Et puis dont .j. anel de fin or esmeré
Li a moult doucement dedens son doit bouté,
Mais ausi proprement s'en l'eüst mesuré
1105 Que pour le doit l'enfant l'eüst on martelé,
Ausi a point fu il, a droite verité.
Et quant elle li ot cel ennelet donné,
.IIII. foys le baissa, et par l'amoureus gré,
Quant elle l'ot baissié, a Dieu l'a commandé,
1110 Et après le congié tendrement a pleuré.

« Dame, » dist la mestresse, « il vous a enchanté! *(f° 25)*

« Il a entre vous .ij. si trés grande amistié

« Qu'encor en ferés vous, je croy, vostre privé.

— Dame, ne vous en chaut se je l'ai enamé;

1115 « Se povrement l'avés au jour d'ui estriné,

« Se Dieus plaist, miex avra que n'avez destiné.

« Alons nous ent de ci, trop avons demouré,

« Il est près que li coc doivent avoir chanté. »

Mais celle qui avoit son cuer enamouré

1120 Por le petit enfant, l'a encore esgardé,

Tant que veoir le pot i a des yeus geté,

Et tous jours en alant a du cuer soupiré.

LXIV

Ainsi fu congié pris des dames a l'enfant ;

Chascunne li donna biau don et sousfissant,

1125 Fors tant que la mestresse en fist .j. moult pesant

Dont li enfes eut puis de la grief painne tant

C'onques nus hons n'en eut autant a son vivant,

Ainsi com vous orés ci après ou roumant.

Li enfes fu assés près du ruisel courant,

1130 Par delés la fontainne en .j. biau lieu plaissant,

Qui estoit par desous .j. chastenier moult grant.

Et puis si li ont dit : « Pourquoy tardons nous tant?

« Delivrons nous pour Dieu ! et si alons avant ;

« Les trois dames s'en vont, or n'alons plus tardant,

1135 « Et si seront, je croi, ja tost li coc chantant.   *(v°)*

« Alons prendre no fil, si l'enportons errant,

« Car s'il y venoit ja .j. lyon ravisant,

« Il pourroit estrangler ce que nous amons tant. »

Adont monta chascun desus son auferrant,

1140 A la fontaine sont venu [tres]tout courant :

Chascun mist pié a terre et ont saisi l'enfant ;

Nus homs ne vit plus bel puis le temps roy Priant.

1112. *Ms.* amitié.—1118. coc, *ms.* cols.—1127. *Ms.* ne neut.—1131. *Lacune?*

Puis montent es ch[ev]aus chascun de cuer joiant;
Adont s'en sont venus bellement chevauchant,
1145 Por ce que li petis enfes aloit dormant;
Enmi de la forest s'en vindrent tout parlant;
Mais Bruians s'en aloit tout melancolïant,
Car il li souvenoit de la dame plaissant
Qui son seingneur ot mort, qui faissoit duel si grant,
1150 Onques dame ne fist plus grant en son vivant;
Mais nonpourquant Bruians l'ala tout oublïant
Pour l'enfant qu'il tenoit entre ses bras devant.
Ainsi ont trespassé le bois de Bersillant.   *(fᵒ 26)*

LXV

Quant il orent passé la grant forest pleniére,
1155 Il ont trouvé leur gent delés une riviére :
Li uns estoit es prés, l[i] autre en la gachiére,
Chascuns se deduissoit toudis a sa maniére.
Et quant Bruiant les vit si leur fist belle chiére,
Car il leur raportoit unne nouvelle chiére.

LXVI

1160 Lorsqu'il furent venu de la forest hautour,
Li .iiij. chevalier a tout le bel tresor
Qui estoit engenrés du propre sanc Butor,
Li autre chevalier atendoient encor;
S'estoit chascuns montés sur un bon cheval mor,
1165 Nul n'en i ot a pié : chascun ot brun ou sor.
Adont furent sonné des chevaliers li cor
Pour rasembler leur gent, tant d'ivoire com d'or ;
Le bois font retentir en bruiant comme tor,
Mais nus ne le savoit fors que li .iiij. encor.

LXVII

1170 A la Montaigne fu li enfes raportés

. Et si fu comvoiés a cent homes armés,
   Mais avan[t] c'ou chastel il peüst estre entrés   *(v°)*
   Ne que de la cité fust ens es fermetés,
   Ils furent bien .vij. cens de vassaus adoubés,
1175 Car Butors li vieillars est au devant alés.
   En .iiij. c. tortis fu li feus alumés;
   Li bourgois de la ville sont es chevaus montés,
   Sur mulles, sur destriers courans et abrievés;
   Du filz Butor veoir fu chascun enflambés,
1180 Et de lui faire honneur ausi entalentés.
   A[l] venir de l'enfant a on les sains sonnés;
   L'endemain au matin sera en fons levés,
   Car il avra parrains et marraines assés.
   Butors vint au devant qui fut vieus et barbés.
1185 Si tost qu'il vit Bruiant envers lui est tournés,
   Et de lui doucement a esté acollés,
   Et puis avec l'enfant est Butor retournés;
   Ainsi tout chevauchant est en la salle entrés, *(f° 27)*
   Et si fu conjouïs ainsi com vous orrés,
1190 Se l'istoire ne ment et vous bien m'escoutés.

LXVIII

 -- Par dedens la Montaigne ot grant joie menée,
   Bondissoient cil cor a moult grant alenée,
   Toute la compaignie est en la ville entrée,
   De ci qu'e[n]s au chastel ne s'i est arestée,
1195 Mais a l'entrer de [la] fu la porte fremée
   Por ce qu'il y avoit si trés grant assemblée;
   Et de ci qu'a la dame est la nouvelle alée.
   Si tost qu'elle l'oy de joie s'est paumée,
   Mais avant qu'il fust jours fu sa joie doublée,
1200 Ausi tost qu'ele sot toute la destinée,
   Car onques mais n'avoit seü chose faée,
   Et s'estoit de son filz la vie aventurée,
   Et si n'en estoit pas encore relevée,
   Si qu'elle en estoit plus d'assés espoventée.

1205 Quant li enfes fu ens, la gent s'en est ralée,
Adonc fu du chastel la porte refremée;
Butor i demoura cui moult trés bien agrée.

LXIX

Quant dedens le chastel fu li enfes venus   (v°)
Il fu moult noblement des chevaliers mis jus,
1210 Et du prince Butor doucement receüs,
Car il avoit esté de sa char conceüs,
S'en devoit au chastel trop miex estre venus.
Butor vint a Bruiant les .ij. bras estandus
Et li a dit : « Amis, quiex fais est avenus
1215 « Ou bois de Bersillant? ne le me celés plus.
« Dites le moy si haut que soiés entendus
« Devant toutes mes gens, les grans et les menus ;
« Car mes cors veut savoir se je sui deceüs,
« Ou se j'ai folement point esté formeüs;   (f° 28)
1220 « Car j'aimeroïe miex estre ou ars ou pendus
« Que mes filz fust par moy jusqu'a la mort venus.

LXX

— Sire, » ce dist Bruians, « par la virge Marie,
« Soiés ausi certains que vous estes en vie
« Que pour home qui soit je ne mentirai mie,
1225 « Que voiant vos barons la verité n'en die.
« Il est bien vérité qu'en ceste nuit serie,
« Ou bois de Bersillant, en la forest antie
« Qui est et longue et large, et ramée et fueillie,
« Nous entrames ennuit, a belle compaignie,
1230 « Au mains jusques a cent de vo chevalerie.
« Vostre filz enportai, que vous ne haés mie,

1207. cui, ms. qui. — 1207. *Miniature avec cette rubrique* : Comment Bruiant et les chevaliers qui estoient alés avecques lui ou bois de Bersillant, retournérent ou chastel de la Montaigne et raportérent l'enfant oudit chastel de la Montaigne.

« Gonmars de Besançon et Rufars d'Orcanie,
« Et Gondrés li britons qui fu nez en Luytie,
« Nous .iiij. tous montés es chevax de Surie,
1235 « Avons porté vo fil en une praierie,
« Desous .j. chastinier ou li soulaus onbrie ;
« Une fontaine i a qui est gente et jolie
« Plus clére c'uns argens ne c'ors qui reflanbie :
« Onques ne vi plus belle en nul jour de ma vie ;
1240 « Et croy que li lieus soit ouvrés par faierie,
« Car ce semble fins ors quant li sourjons ondie ;
« Dont chascuns cuers estoit en grant melancolie,
« Il en seroit ostés en mains d'eure et demie
« S'au regarder metoit plainement s'estudie.
1245 — Bruiant, » ce dit Butor, « li miens cuers vous deprie
« Que vous me dites tost, sans penser a folie,   (v°)
« L'aventure, et si soit de mes barons ouïe,
« Par quoy, se bien i a, joie i soit esbaudie,
« Et s'autre chose i a mes cuers Diex en gracie.

LXXI

1250   — Sire, » ce dit Bruiant, « je dirai en oiant
« Ce qui est destiné au gracïeus enfant.
« Si tost que l'eusmes mis sur le lieu deduissant,
« Chascun de nous monta desus son auferrant.
« Si entrasmes ou bois fierement chevauchant,
1255 « Et pardesous .j. pin grant, gros et verdoiant
« Descendismes tout .iiij. et fusmes en estant.
« La fumes longuement, tous dis, en atendant,
« Pour ouïr la nouvelle a nous .iiij. plaissant.
« J'ouï dedens le bois une dame chantant
1260 « Qui gaiement chantoit .j. trés amoureus chant ;
« Quant elle avoit finé, un[e] autre tout errant
« .I. chant plus amoureus aloit recommançant,
« Et puis la tierce après leur aloit respondant.

1242. chascuns, *corr.* s'aucuns ? — 1253.— auferrans.— 1257. tout.

« Si vindrent elles trois main a main, en t[en]ant,
1265 « De si au chastinier n'alérent arestant ;
     « Et si avoit chascune en son chief, d'or luissant
     « .I. cercle gracïeux, merveilleus et pessant.
     « Je ne sai nule dame en cest monde vivant
     « Si belle com la plus lede est a mon semblant.
1270 « Quant l'enfant ont veü, si s'en vont merveillant
     « Pour ce qu'il estoit la sur le gravier courant,
     « Et s'alérent seoir par delés vostre enfant,
     « Dont il avra honneur et porfit si trés grant *(f°29)*
     « C'onques nus hons n'oï parler de si poisant,
1275 « Et qu'il l'en sera miex, en tretout son vivant. »
Quant Butor l'entendi, si ala soupirant,
De la joie qu'il ot s'en ala jus pasmant,
Mais .iiij. chevaliers l'alérent relevant.
Et quant il fu a point, si redit a Bruiant :
1280 « Franc cuer de gentil home, or le me di errant,
     « Car, en l'ame de moy, tu vas trop demourant.

LXXII

     — Sire, » ce dit Bruiant, « mais que vous l'escoutez,
     « L'onneur de vostre enfant assés briement orés :
     « Onques plus evurés ne fu d'omme engenrés.
1285 « La moienne des trois dit qu'il avrait biautés
     « Et que de toutes gens seroit bien honorés,
     « Et qu'en tous fais de guerre il seroit redoutés
     « Et c'onques plus poissans ne fu de lui armés ;
     « En joustes, en tournoys sera si esprouvés
1290 « C'onques nus hons ne fu de lui plus alosés ;
     « Tous fais achievera tout a ses voulentés,
     « Et de bien et d'onneur sera si dotrinés
     « C'onques hons tant n'en eut qui fust de mére nés. »
Dont respondi Butor : « Diex en soit aourés !
1295 « Est ce li premiers dons qui fu a lui donnés ?

1275. l'en, *ms.* leur.

LXXIII

— Ouyl, sire, pour voir, » ce respondi Bruians,
« Mais .j. en eut après qui est trop plus pesans.
— Et quiex est il, pour Dieu? or le soiés contans, »
Ce respondi Butor, « ne le soiés celans,
1300 « Car du bien et du mal savoir sui desirans,   (v°)
  « Et par le bien poura li maus estre perdans,
  « Mès du bien toute voie assés suis plus joians;
  « Or dites le surplus, je vous en sui prians.
— Sire, » ce dit Bruiant, « d'eles li plus poissans
1305 « Si li donna .j. don qui est moult pou vaillans,
  « Mais je sui tous certains qu'il n'ert gaires durans,
  « Car elle li donna qu'il seroit bien amans,
  « Mais en amant seroit d'amie mandïans,
  « Et si n'aroit que paine en amant et ahans,
1310 « Douleurs, travax, grietés, meschiés seroit sentans
  « Pour la premiére dame a cui seroit pensans,
  « Et qu'a seue merci ne seroit ja partans,
  « Et la plus fausse amour qu'elle seroit trouvans
  « Bailleroit a l'enfant, qui qui en fust dolans. »
1315 Et respondi Butor : « Est ce meschiés si grans?
  « J'ai amé par amour quant je fui en mon tans,
  « Mais onques, Dieu merci! je [ne] fui possessans,
  « Mais je l'estoie bien a mon sens desirans,
  « Et si n'estoie pas toutes les nuis dormans,
1320 « Tant estoie ou delit amoureus delitans;
  « Si que tiex dons ne puet pas estre trop grevans.
  « Or dites le surplus, je vous en sui prians.

LXXIV

— Sire, » respont Bruiant, « la tierce li donna

1302. — M. t. v. du b. s. a. — 1305. dom. — 1306. sui, *ms.* sai.
— 1319. estoient, p. t. l. miex.

« Tel don de quoy cil ci anichillés sera ;

1325 « Car, presant de la dame, elle li otroia

« Qu'en tous fais perilleus elle li aidera,

« Et avecques tout ce elle le nourrira   *(f° 30)*

« Tant qu'i sera en point que desirer pourra

« Amie, et cilz point ci moult nous reconforta.

1330 « Dont nule des grietés l'enfant ne grevera,

« Si tost qu'avec lui ert il ne l'en sovenra. »

Ce respondi Butor : « La besoigne bien va,

« Diex en soit aourés qui le monde crea !

« Or me di, chiers amis, errant se plus i a?

1335 — Ouïl, sire, par Dieu, .j. annel li donna

« Qui est tous de fin or, ne sai qui le forja ;

« Mais si tost que l'annel dedens son doi bouta,

« Au departir de lui, .iiij. foys le baissa ;

« Et après tous ces fais a Dieu le commanda.

1340 « Mais la maistresse dist, qui moult le despita,

« C'uns viex vilains boçus s'amie espoussera

« Et que sans achoison de lui congiet ara ;

« Ainsi de ses amours trés malement gorra. »

LXXV

Et quant Bruiant ot dit a Butor sa pensée,

1345 Devant tous ses barons en la sale pavée,

Et qu'il li ot conté toute la destinée

Qu'en la forest li fu en celle nuit donnée,

A Butor et a tous parfaitement agrée.

Et tant fu ou palais la chose murmurée

1350 Que juques a la dame est la nouvelle alée

Qui en sa chambre estoit estroitement fremée,

Mais des dames estoit hautement honnorée.

Mais si tost qu'a lui fu la nouvelle contée

Devant les dames est de grant joie paumée,   *(v°)*

1355 Si qu'a grant paine fu en son lit relevée,

Mais elle ne le pot croire en cuer n'en pensée,

Pour ce que de Butor ne li fu pas contée.

LXXVI

Quant Bruiant ot comté devant la baronie
La destinée qui fu l'anfant otroïe,
1360 Chascuns s'en esjouï en la sale votie,
Et si n'i ot celui de la chevalerie
Qui n'en fust moult joieus, et qui de cuer ne prie
Qu'en bien et en honneur soit la chose avertie.
Adonques dit Butor : « Or ne vous anoit mie ;
1365 « Seigneur, de ce fait ci Dieu de bon cuer gracie,
« Mais amoureussement li miens cuer vous suplie
« Que vous me veilliés faire .j. pou de courtoissie,
« Afin c'onneur puist estre en tous cas essausie,
« Car pas ne vueil pour moi qu'elle soit amenrie :
1370 « Vous avés mon enfant en la forest feuillie,
« Porté par grant amour, dont mes cuers vous mercie
« Car reporté l'avés sain et sauf et en vie
« Avecques tout l'evur qu'il avra en sa vie,
« Se Diex l'a consenti et la vierge Marie.

LXXVII

1375 — Sire, » respont Bruiant, « dites vo volenté :
« Il n'i a ci celui que ne voie apresté
« De vous en foy servir et de faire vo gré.
« Commandés, nous ferons, car chascuns a pensé
« De tous ceus qui ci sont en [cest] palais lité,
1380 « Car il n'en y a nul qui ait cuer tant ossé
« Qui vous ossast avoir .j. seul don refussé,   *(fᵒ 31)*
« Que miex ne li venist avoir .j. oel crevé. »
Et Butor respondi par trés grande amisté :
« C'on ait avant mon fil bautisié et levé,

1378. Commendés. — 1379. *Lacune après ce vers?* — 1383. amistié.

1385 « Et puis si vous dirai toute ma voulenté. »
Ce respondi Bruiant : « Or soit tost commandé
« C'on ait errant l'enfant a l'esglisse porté,
« Par quoy il puist avoir sainte crestïenté. »
Dont furent chevalier et dames atourné
1390 Pour l'enfant convoier c'om avoit apresté
Pour porter a l'eglisse et bien envelopé
En dras d'or et de soie en Sarrazin ouvré.
Adont sont chevalier .ij. et .ij. arouté :
Les dames vont devant plaines de gaieté.
1395 Adont a on errant l'arcevesque mandé
Qui fu en sa maison par dedens la cité,
Et il i est venus sans avoir demouré.

LXXVIII

Ainsi li filz Butor fu portés a l'eglisse,
Et si fu convoiés des gens plains de franchisse,
1400 Car mainte dame i ot qui d'amour fu esprisse,
Et chevaliers vestus a la nouvelle guisse.
Chascuns estoit parés de parfaite cointisse.
Celle qui le porta estoit moult bien aprisse,
Car en son cuer estoit toute honnestés comprise,
1405 Et avec ce biautés parfaitement assisse,
Et s'estoit pour amer gaieussement souprisse,
Car amoureussement amours son cuer atisse,
Et pour avoir ami estoit a amer mise   (v°)
Celle qui de l'anfant porter fu entremise.

LXXIX

1410 Tout ainsi fu portés li enfes au moustier,
Et si ot avec lui maint noble chevalier,
Et mainte dame aussi qui fu au conseillier,

1409. *Miniature avec cette rubrique* : Comment li filz Butor de la
Montaingne fu crestïennés.

Car chascuns desiroit a s'onneur essaucier.
Adont apela on l'arcevesque Richier
1415 Afin qu'il li pleüst l'enfant a bautisier;
Il dit qu'il le feroit pour l'amour du princier.
Dont ala apeler son chapelain Rogier   (f° 32)
Qui des armes de Dieu l'ala apareillier,
Et il s'en delivra sans longuement proier,
1420 Car il le convenoit pour l'enfant avancier.
Adont fist on parrains et marrainnes huchier,
Si dirent : « Chevalier, belement, sans noissier,
« Quel non avra li filz de Butor le guerrier? »
Dont respondi Bruians : « Ne vous chaut d'esmaier :
1425 « Il avra moult biau non ainz que revoit arrier,
« Mais il nous convenra .j. petitet targier,
« Car il nous convenra por l'enfant consellier,
« Afin qu'il ait tel non c'on ne li puist changier,
« Fors quant li temps venra c'on li vot prononcier
1430 « Ou bois de Bersillant la ou le portames hier,
« Pour l'amour de Butor nosseigneur droiturier. »

LXXX

Quant Bruians ot parlé, .j. chevalier gentiex
A dit a l'arcevesque : « Et je lo pour le miex
« Que vous li donnés non pour oster les periex,
1435 « Car chascuns de nous est au lever ententiex,
« Pour ce qu'il ait son non de par le roy des ciex.
« Car soiés tous certains qu'il en i a de tiex
« En ceste eglisse ci, de jonnes et de viex,
« Qu'il en portast son non et deüst estre esquiex
1440 « .VII. ans de la Montaingne et de trestous les liex.»

LXXXI

Quant l'arcevesque[s] ot le chevalier parler,

1420. avencier.

4

Si a dit en oiant : « Il me faut regarder
« L'enfant, or le faciés tantost desveloper,
« Car puis qu'i li covient le bautesme donner   *(vº)*
1445 « Je li donrai bon non et sans lui surnommer.
     — Sire, » ce dit Bruians, « veilliés vous delivrer
« Par quoy on puist l'enfant a la mére porter,
« Car elle ne le vit puis hier a l'avesprer.
« Sire, si vous prions de vous a delivrer,
1450 « Car il ert huimais tans vraiement de disner,
« Pour quoy nous vos prions de lui par non nommer,
« Si c'om le puist par non erran[men]t apeler.
« Il avra a non Brun, veilliés le ainsi clamer ;
« C'est .j. moult crueus non, et c'om doit moult amer,
1455 « Car Bruns vient de Butor que chascun doit douter.
« Il sera plus poissans, je l'osse bien jurer,
« Que li péres ne soit qui le vot engenrer.
« En l'iave le me faut errant dedans bouter.
« Et puis donques après vous en pourrés aler. »

LXXXII

1460   Ainsi tost que Bruns fu dedens l'iave plungiés
S'il en but [tant ne quant] ne vous en merveilliés.
Gaires n'i demoura, pour certain le sachiés.
Si tost qu'il fu levés il fu rapareilliés,
Et en dras de fin or noblement recouchiés,
1465 Car li dras ou il fu estoit forment mouilliés,
Et pour ce estoit il es autres recouchiés.
Quant Bruns de la Montaigne ot esté bautisiés
Chascuns qui la estoit fu et joians et liés,
Et si fu de chascun servis et essauciés,
1470 De grans et de petis en touz tenps graciés,   *(fº 33)*
Et des chevaliers fu au chastel convoiés.
Tous li biens c'on li fist fu trés bien emploiés,
Car ce fu a son temps .j. des miex adreciés,
Et d'armes et d'amours, et li miex enseigniés
1475 C'onques fust nés de mére, et li miex afaitiés.

LXXXIII

Quant Bruns de la Montaigne es sains fons fu levés,
Chascun des chevaliers est avec li alés.
Tant qu'il fu ou chastel n'en i a nul remés
Qui ne fust avec Brun noblement atornés ;
1480 De ci que au chastel n'est .j. seul arestés.
Et des dames par qui li enfes fu portés
Moult amoureussement en estoit honnorés.
Et quant Butor le vit, au devant est alés :
Si leur a dit : « Pour Dieu, dames, or me contés
1485 « Le non de mon chier fil, se c'est vo voulenté,
    « Et comment ses drois nons de bautesme est només. »
Les dames li ont dit : « Assés tost le savrés :
    « Il est apelés Bruns, tés nons li est donnés. »
— En non Dieu, » dit Butor, « Diex en soit aourés,
1490 « De Butor est li Bruns au gré Dieu engendrés.
    « Or soit tout erranment a sa mére portés :
    « El ne le vit ainz puis que moult ot de grietés ;
    « Portés li, que ses cuers en est moult esfraés
    « Car puis hier n'eut nul bien que jours fu avesprés.»

LXXXIV

1495   Les dames si s'en vont moult grant joie faisant,
En la chambre ont porté a la mére l'enfant,
Et quant elle le vit elle ot joie si grant   *(vᵒ)*
Que li cuers de son ventre en aloit sautelant.
As dames demanda : « Dites moi maintenant
1500 « Le non de mon chier filz que mes cuers aimme tant. »
Les dames li ont dit : « Ma dame, a vo commant :

1501. comment.

« De dire le sien non n'irons pas resoignant,
  « Mais amoureussement le vous dirons errant,
  « Et si n'atend[e]rons jamais ne tant ne quant :
1505 « [Ma] dame, il a un non vraiement si plaissant
  « C'om n'en pourroit avoir nul meilleur ne plus grant :
  « Il est apellés Bruns : est ce biau non d'enfant ?
  « Nus hons ne vit plus bel en tretout son vivant. »
  La dame dit : « J'en lo le dous Roy tout poissant,
1510 « En qui tout crestïen sont fermement creant. »

LXXXV

  Quant la dame ot l'enfant grant joie a demenée,
  Pour l'amour de Butor, cilz nons bien li agrée ;
  Mais pour voir ne savoit s'il avoit destinée,
  Coment c'om li deïst qu'elle li fust donnée
1515 Par dedans Bersillant en la forest ramée.
  Si manda son seigneur a maingnie privée,
  Et il i est venus sans nulle demourée :
  En la chambre est entrés, de quoy la dame agrée,
  Et quant la dame vit de lui fu saluée
1520 De bonne voulenté trés bien ennamourée ;
  Butor li a dit : « Dame, or ne soiés irée :
  « Vous avés delés vous vostre douce portée,
  « La Royne des ciex en puist estre loée !
  « Et par ma foy vés ci grascïeusse litée   *(f° 34)*
1525 « Qui lonc temps a esté de nous .ij. désirée.
  « Dame, pleüst a Dieu que fussiés relevée,
  « Et que vos [filz] eüst toute enfance passée,
  « Et si fust maintenant en la .xïj^e. année :
  « Chevalier le feroie ainz demain l'avesprée,
1530 « Et si li sainderoie au costé une espée.
  — Sire, » ce dit la dame, « et de la destinée
  « C'ou bois de Bersillant a esté devissée,
  « Je vous en pri pour Dieu qu'elle me soit contée.

1511. joie, *ms.* joue. — 1521. iriée.

LXXXVI

    — Dame, » ce dit Butor, « par la vierge Marie
1535 « Le fait et l'aventure est drois que je vous die.
    « Hier soir que vous savés, quant la nuit fu serie,
    « J'envoiai grant partie de ma chevalerie
    « Ou bois de Bersillant en la forest fueillie
    « Ou il y a souvent repair de faierie ;
1540 « Dont .iiij. chevaliers, sans autre compaignie,
    « En portérent l'enfant dont estes acouchie
    « Desus une fontaine assés gaie et jolie,
    « Dont la gravelle estoit noble [et.......];
    « Et s'i avoit entour mainte flour espanie,
1545 « Et bouloit li sourjons par moult grant melodie.
    « Onques chose ne fu de li miex agencie :
    « Il sembloit qu'elle fust toute d'orfaverie
    « Tant estoit bien ouvrée et gentement polie.

LXXXVII

    « Dame,» ce dit Butor, « c'est bien chose certaine
1550 « Que quant li chevalier vindrent a la fontaine,
    « Qui est plus clére assez que n'est l'iave de Saine, *(v°)*
    « Ou non de Jhesucrist et la vierge hautaine
    « Il laissiérent l'enfant qui moult souffri de paine,
    « Car il n'avoit en lui a paines point d'alaine
1555 « Que ne li fust grevés de grief doulour grevainne.
    « Li chevalier aussi n'avoient chascun vaine,
    « De la grande paour, qui fust pas granment saine.
    « Or ala avenir si qu'aventure amainne,
    « Et que la destinée evureusse pourmaine,
1560 « Par la vertu de Dieu qui est trés souverainne,
    « Qu'il laissiérent l'enfant sur l'eur de la fontaine.

LXXXVIII

« Quant l'enfant orent mis li .iiij. chevalier
« Par delés la fontaine, assés près du gravier,
« Chascun des .iiij. errant monta sur son destrier,
1565 « Et dedans la forest s'en alérent mucier;
« Puis ouïrent ou bois sans longuement joquier
« .III. dames tout chantant venant esbanïer,
« Qui se vindrent seoir delés .j. chastinier,
« Et si se pristrent moult de ce a merveillier
1570 « Que li enfes queroÿt tout seus sur le gravier,
« Qui avoit mis son chief desor .j. orillier.
« Or alérent l'enfant de plus près aprochier,
« Et puis moult doucement acoler et baissier,
« Et li donna chascune .j. don c'on doit prissier,
1575 « Que je vous nommerai, ne vous veille anoier,
« Car onques plus biaus dons n'oÿstes prononcier;
« Mais il en i a un qui fait a reprochier,   (f° 35)
« Dont encore pourra avoir moult d'encombrier,
« Mais il n'en verra ja le sien cors empirier.

LXXXIX

1580   — Sire, » ce dit la dame, « or me dites briesment,
« Je vous en pri pour Dieu, tout le destinement ,
« Par quoy j'aie a mon cuer grant joie ou grant torment.
— Dame, » ce dit Butor, « voulentiers, liéement :
« Li une li donna tretout premiérement
1585 « Qu'il seroit honnorés partout de toute gent
« Et qu'il avroit en lui proesce et hardement,
.« Et parfaite biauté ausi si largement

1571. desor, *ms.* desous.

« C'om ne pourroit trouver son pareil nulement.
« Or gardés se cilz dons a biau commencement! »
1590 Dont respondi la dame : « Ouïl certainement;
« Diex en soit aourés qui regne ou firmament
« Quant on li a donné si gracïeus present!
— Dame, » ce dit Butor, « or va il autrement :
« Li autre li donna tel don certainement
1595 « Que quant il ainmera par amours loiaument,
« Point ne sera amés de la dame au cors gent
« A qui donra s'amour tout au comancement,
« Et si ert pourveüs d'amour si faussement,
« C'onques nus cuers loiaus ne fu plus malement.
1600 « Si n'avra en amant fors que paine et torment,
« Mais tous [jours] vivera trés amoureussement,
« Et si n'avra de dame aucun alegement. »

XC

Quant la dame l'oy si fu moult merveillie
Comment cuers puet amer et si n'a point d'amie.(v°)
1605 Si a dit a Butor : « Sire, mes cuers vous prie
« Que se de rien amés de moy la compaignie,
« Quel don li fist la tierce? or ne le celés mie.
— Dame, » ce dit Butor, « el ne li failli mie,
« Car elle li donna tant qu'en toute sa vie
1610 « Tout adès i perra, je le vous certefie;
« La tierce li donna, sans voulenté changie,
« Qu'elle le nourrira comme loialle amie
« En foy et loyaument sans penser a folie,
« Et le confortera ou grief de sa haschie.
1615 — Par ma foy, » dit la dame, « elle est bien enseignie;
« Diex doint joie et honnour qui si biaus dons otrie!
« Car en l'ame de moy c'est belle seignorie.
« Que Diex en soit loés et la vierge Marie!

1592. presant.

« Butor, s'il i a plus, li miens cuers vous supplie
1620 « Que vous dites avant, il ne m'anoie mie.

XCI

— Dame, » ce dit Butor, « encor i a il el,
« Car elle li donna .j. gracïeus annel,
« Et le baissa .iij. foys avant qu'en son mantel
« Le mist revelopé, s'i ot moult bïau jouel,
1625 « Et vous le trouverrés dedens son doit manel ;
« Si en devés mener grant joie et grant revel,
« Car il avra en lui .j. courtois jouvencel
« Et encor[e] sera sires de cel chastel,
« S'il plaist au roy des ciex et a saint Danïel,
1630 « Car pour lui sont ja quis li chien et li oissel.

XCII

« Dame, » ce dit Butor, « j'ai esté moult pensans *(f° 36)*
« A quelle fin ce fu que l'unne fu donnans
« Que Bruns de la Montaine eüst paine et ahans ;
« Et qu'i ne fust amés et si seroit amans ;
1635 « Et si redist ausi qu'il seroit parcevans
« Que s'amie seroit marïée en brief tans
« Et que nommés seroit par non petit *Tristrans,*
« Par ce que tant seroit d'amie mandïans,
« Car Tristrans qui ama Yseut grant plenté d'ans,
1640 « Fu dolours et meschiés parfaitement sentans,
« Si que pour ce mes filz est son non restorans.
« Mais je me fui .j. pou a ce reconfortans
« Que la tierce li ert a ses besoins aïdans,
« Et si le pourverra en lieu qui ert si grans
1645 « C'onques de lui ne fu fame plus souffisans.
« Hélas ! et je sui mais ancïens et pesans,
« Si croy que je n'er pas, ne moy ne vous, vivans. »

XCIII

La dame li respont : « Diex en soit aourés
« Quant Bruns de la Montaingne ert si bien assenés!
1650 « Butor, ne vous en chaut s'a ce tans ne vivés,
« Mais aucuns de ces fais moult bien veoir pourrés.
« Quant il aura .xij. ans chevalier le ferés ;
« Et si faites ausi qu'il puist estre esprouvés,
« Car en .j. seul poingneis son hardement verrés.
1655 « Et vous requier por Dieu que bien l'endotrinés
« D'armes et de chevaus, car assés en savés,
« Et plus n'avons d'enfans, s'en doit miex estre amés,
« Et de lui comjouïr tant qu'il soit alevés,   (v°)
« Car, loués en soit Diex, il est bien estrinés;
1660 « Onques mais ne fu miex enfes de mére nés.
« S'en doit estre de nous loée Trinités
« Quant Bruns de la Montaigne est si bien asenés.
— Dame, » ce dit Butor, « se vit .x. ans passés,
« En fait d'armes sera si bien amesurés
1665 « Qu'il sera chevaliers et en joustes armés. »
Adont s'en est Butor hors de la chambre alés,
Et si dit : « Dame, a Dieu soit vos cors commandés,
« Je croy bien qu'en la salle ai esté demandés.
« Or vous requier pour Dieu que vous vous reposés
1670 « Jusques adont qu'a vous me serai retornés. »

XCIV

Butor de la Montaigne est de la chambre issus,
Avec les chevalier[s] est ou palès venus.
Tout li plus souffisans s'est a ses piés cheüs,

1654. *Corr.* Qu'en ? —. 1655. Et si v. — 1673. *Suppr.* s' *(ms.* c')?

Et si l'ont salué du haut Roy de lassus ;
1675 Et il les enclina les grans et les menus,
Et puis fist comander que chascuns seïst jus.
Dont par le palès fu chascun [tous] esmeüs
Par quoy pour lui seoir puist estre pourveüs
Sus les tapis de soye en la sale estandus.
1680 Quant chascuns fu de siege ou chastel pourveüs,
Adont parla Butor, que bien fu entendus,
Mais si tost com l'oy chascuns s'est quoys tenus,
Et si fu chascun d'eus plus simples et plus mus
C'onques ne fu nonnain en habit de reclus.

XCV

1685   Quant chascuns fu asis sur les tapis de soie ,   (f° 37)
Butor parla en haut, bien veut que chascun l'oie,
Et leur a dit : « Seigneur, se li vrais Diex me voie,
« M'antente et mon semblant bien vous descouverroie,
« Que vous le feïssiés, mais trop courciés seroie,
1690 « Se devant tant de bons mon langage perdoie.
    — Sire, » ce dit Bruians, « par Dieu, je loeroie
« Que vous dites vo gré, car nes .j. que je voie
« Ne vous en desdira, bien en responderoie.
    — Vraiement, » dit Butor, « et se je le cuidoie
1695 « A tous jours de mon cuer en son vous ameroie,
« Ne jamais en ma vie a vous je ne fauroie.
« Mais d'ore en avant mais chascun otrieroie
« Tout quanques il vourra, se Jhesu me doint joie.
    — Sire, » ce dit Bruians, « et je de moy otroye
1700 « Tout quanques vous vourés, se grant grief i avoie,
« Et que se par devant tout de vrai le savoie
« Soiés ent tout certains que ja je n'en fauroie,
« Se les membres du cors .j. a .j. y perdoie ;
« Mais dites vo plaissir, car mes cuers s'i otroie. »

1688. *Lacune après ce vers?* — 1693. desdirai. — 1698. quenques.
1702. Ent, *ms.* ant.

XCVI

1705 — Seigneur, » ce dit Butor, se li vrais Diex m'avance,
 « J'ai .j. fil dont je sui moult liés de sa naissance,
 « Et si vouroie ja qu'il fust hors de l'enfance
 « Et il m'eüst cousté tout quanque j'ai en France;
 « Car s'il avoit .x. ans, je vous jure et fïance
1710 « Qu'il seroit chevaliers, se li vrais Diex m'avance,
 « Ainz qu'il passast tiers jour, car g'i ai ma plaissance,
 « Et si aroit au col l'escu avec la lance,   *(vⁿ)*
 « Car je croy qu'il sera chevaliers de vaillance,
 « Mais qu'il ait en lui sans et soit hors d'inorance,
1715 « Car tout entiérement y ai mis ma creance.
 « Or me souvient de lui et de sa gouvernance,
 « Et j'en doi bien avoir parfaite souvenance;
 « Et n'i ait nul de vous qui soit point en doutance
 « Que, s'il vit longuement, qu'il ne face grevance
1720 « A ceus qui m'aront fait aucunne destorbance.

XCVII

 — Sire, vous dites voir, » ce respondi Bruians,
 « Mais chascun de nous est plainement desirans
 « Que vous soiés a nous vo plaissir demandans,
 « Car je sui tous certains qu'il ert fais en brief tans,
1725 « S[e] chascuns i devoit estre a plenté perdans.
 « Mais commandés a nous, je vous en sui prians,
 « Car d'acomplir vos gré ert chascuns entendans,
 « Et je le sui ainsi parfaitement creans :
 « Au mains premiérement mes cuers en est en grans,
1730 « Et je croy bien ausi qu'autres i est tendans,
 « Car vous estes en tout, sire, si souffissans

1705. avence. — 1722. nous, *ms.* vⁱ. — 1723. vo, *ms.* vos.

« Que nus ne vous seroit, je croy, riens refussans
« Qu'en tous vos plaissirs faire il ne vous fust aidans.

XCVIII

— Seigneur, « ce dit Butor, « et il me vient en gré,
1735 « Puis que je voy chascun de bonne voulenté,
« Que chascuns ait demain bien le sien cors armé,
« Car il i a ceans des dames a plenté
« Si veil qu'il ait .j. pou d'estrupignis moustré,
« Demain bien trés matin, après soleil levé. » *(f° 38)*
1740 Et quant li chevalier l'orent tout escouté
Si ont secréesment ou chastel murmuré,
Et si dient entr'eus : « Ci a bon viel barbé, .
« C'est domage du temps qu'il a ainsi passé,
« Car en lui a du sens et d'onneur a plenté.
1745 « Encore n'a ceans de lui plus aduré. »
Quant Bruians l'entendi si a avant passé,
Et li a dit : « Butor, je vous voy forsené
« Qui maintenant voulés c'om ait son cors armé :
« Il vous convient atendre avant .j. mois passé,
1750 « Les joustes convendra avant avoir crié,
« Et si seront avant fait hourt [et] apresté;
« Et quant hyraut aront par le pays esté,
« Et que li chevalier serront tout assemblé,
« Et que ma dame avra le sien cors relevé,
1755 « Adont pourrés savoir qui miex iert esprouvé.
— Par ma foy, » dit Butor, « vous dites verité,
« Mais je dissoie ce que j'avoie en pensé. »,

XCIX

Par dedans la Montaigne ot moult belle assemblée,
Mainte dame i avoit qui fu de renommée,
1760 Et qui estoit ausi si noblement parée

1742. Ci, *ms.* si. — 1755. iert, *ms.* sera. — 1760. estoient... parées.

Que pour estre contesce ou roïne clamée.
Quant Butor les veoit, si avoit sa pensée
Misse tout a penser a sa fame espoussée,
Qui gissoit en son lit d'une douce portée ;
1765 Mais de Butor ne fu pas la jouste oubliée,
Mais elle fu errant as hiraus commandée, *(v°)*
Qu'il l'alassent crier tout partout la contrée
Et qu'a la compaignie et a Butor agrée ;
Et puis l'ont li hiraut par le palais criée
1770 Afin que joie fust a eulz renouvelée.
Mais on ne l'escria jusqu'a la relevée,
Par quoi la noble dame, ou honneur est trouvée,
Veïst le trupingneis et la noble assemblée
Qui ou chastel estoit pour s'onneur aünée.
1775 Quant la dame le sot, s'a grant joie menée,
Car tout errant li fu la nouvelle contée.

C

Butor de la Montaigne estoit moult liés ce jour
Qui avoit a ses gens demandé par amour
Que pour l'amour de lui feïssent .j. estour.
1780 La jouste fu criée ou palès sans sejour,
Et que chascuns fust prest et pour aquerre honnour.
Adont parla Bruians, qu'il n'i fist nul demour,
Et a dit doucement : « Or m'entendés, seignour :
« Je croy c'onques nus hon ne vit feste greignour
1785 « Que nous avons ceans ne de plus grant viguour,
« Car je croy bien que ci sont tout li poigneour,
« Hardi et conbatant et tendant a valour,
« Car je n'en voi ci nul, grant, petit ne menour
« Qui n'ait cuer courageus et mis hors de tritour,
1790 « Et que ses cuers ne soit en joie et en baudour
« Pour desfandre son cors sans avoir nul paour,
« Car tout sont courageus et si plain de vigour
« Que nus cops tant soit grans ne li fera doulour. » *(f° 39)*

CI

Et quant Butor ouï Bruiant ainsi parler,
1795 Bien par dedans son cuer le prist a enamer,
Car il estoit hardis et moult fist a louer,
Et onques plus loyaus ne pot armes porter,
Et si avoit bon cors pour grant paine endurer.
On ne peüst plus fort en tournoy encontrer,
1800 Car .j. cheval faissoit tourner et retourner
Si bien c'on n'i seüst nule rien amander.
Quant Bruians ot parlé, Butor fist commander
Que li mangers fust prest et qu'il vouloit disner,
Puis cria on aus cuex et fist l'iave corner,
1805 Et quant on ot lavé, si s'asist au dingner,
Et puis ont commancié menestrel a tromper,
Vïelles, estrument commancent a sonner ;
Chascun demenoit joie et vouloit demener
Pour Brun de la Montaigne en tous cas honnorer
1810 Que Butor de sa char ot voulu engenrer
En la dame qu'il vot au moustier espousser
Qui tant de paine avoit eü a l'enfanter.
Quant chascuns fu assis, Butor fit comander
Que bien fussent servi li noble bacheler ;
1815 Et il si furent il, nus n'i sot qu'amander.
Li devisse des mès seroit longue a conter,
Et si pourroie bien trop metre au devisser
Si que je m'en terai et n'en veil plus parler,
Car a autre matiére il me faut retorner.
1820 Quant tuit orent disné on fist l'iave aporter   (v°)
Et par devant Butor ,iiij. bacins d'or cler,
Puis li tendi on l'iave et il prist a laver
Entre lui et Bruiant qui moult fist a loer.

1801. amander, ms. quamander.

CII

Quant Butor ot lavé, tout li autre lavérent
1825 Ensemble qui miex miex, onques plus n'arestérent.
Quant il orent lavé, varlet de sale ostérent
Les tables vistement et a terre versérent,
Et quant furent levé moult ensemble parlérent
De joustes, de tournoys ou il se délitérent.
1830 Quant moult orent parlé, le vin.il demandérent,
Et escuier errant assés en aportérent,
En coupes, en hannas erranment le versérent;
Mais tout premiérement a Butor le portérent
Et grascïeussement a lui le presantérent.
1835 Quant chascun ot beü as dames s'en alérent,
Et quant il vindrent la les dames se levérent,
Et par devant la dame en chambre s'en alérent;
Dames et chevaliers ensemble se merlérent,
Et pristrent main a main et puis si carolérent,
1840 Et gracïeussement .ij. des dames chantérent,
Et amoureusement leur chançon commancérent.
Ainsi moult longuement grant joie demenérent.

CIII

Ainsi fu on lonc temps en la sale pavée,
Et s'i fu toute jour grant joie demenée,
1845 En chantant, en jouant, de ci qu'a l'avesprée,
Et si furent leans jusqu'a la nuit serrée.
Ainsi atendi on jusques a l'ajournée   (f° 40)
Que la dame du fil dut estre relevée;
1850 Et s'avoit avec li mainte dame honnorée
De qui elle estoit moult songneussement gardée.
Pour ce que ma matiére en soit miex achevée

1849-5o. *L'ordre de ces vers est interverti dans le ms.*

Huimais m'orrés parler de la courtoisse fée
Qui donna a l'anfant par bonne destinée
Qu'elle le nourriroit d'amoureuse pensée ;
1855 Et quant poins en sera ma matére ert tornée,
Comment la jouste fu en honnour achevée,
Et trés jouieussement ou chastel demenée,
Dont il en fu partout moult grande renommée
Et ce fu de raisson, ce est chose prouvée.

CIV

1860   Ainsi que Butors fu entre lui et sa gent,   *(v°)*
Par dedens son chastel bel et courtoisement ;
Et que chascuns faissoit joie joieusement
Pour l'enfant qui estoit nez tout nouvelement,
Adont parla la dame a Butor doucement,
1865 Et dist : « Sire, pour Dieu, je ne sai vraiement
   « Comment vos enfes puist estre nourris briement,
   « Car je n'ai point de lait, sachiez certainement,
   « Dont vivre se peüst, sans autre, longuement ;
   « Si que je vous requier trés amoureusement
1870 « C'une nourice aions pour nourrir le cors gent
   « De Brun de la Montaigne ; or faites vistement,
   « Car grant besoing en a, selonc mon ensient. »

CV

Einsi que parlement tenoient ou chastel
De Brun de la Montaigne, .j. courtois damoisel,
1875 A la porte s'en vint sur .j. cheval moult bel
Une dame plaisans qui chevauchoit isnel ;
Avecques li venoit .j. courtois jouvencel
Qui bien estoit montés sus un cheval grisel.

1859. *Miniature avec cette rubrique :* Coment la fée qui avoit prou-
mis a nourir l'enfant vint ou chastel, et coment Butor li fist
baillier son filz pour nourir.

Quant a la porte fu dessendu du poutrel,
1880 A la porte a feru grant cop d'un grant martel,
Tant que Butor l'oy qui fu en .j. prael,
Qui tenoit en sa main une verge d'aubel.
Si apela celui qui trenchoit du coutel
Et li a dit : « Amis, alés tost et isnel
1885 « A la porte savoir qu'il i a de nouvel. »
Li varlès, qui tenoit un hanap a clavel,
Dist: « Sire, voulentiers, puisqu'il vous vient a bel. » *(f° 41)*

CVI

Si tost que li varlès est venus a la porte
Qui fu toute de chaisne et de fer grande et forte,
1890 Il i bouta la clef et puis si l'a ens torte,
Et quant l'ui[s] ot ouvert, la clef en sus reporte ;
Et la dame entra ens qui moult bel se deporte,
Sur son cheval amblant qui moult souef la porte ;
Et a dit au verlet : « N'aiés pensée torte,
1895 « Que ne voise a ma dame et n'en soie destorte.
— Dame, » dist li varlès, « ançois soit m'ame morte
« Se de la ou il vous plaist aler pas vous desorte,
« Car il senble que vous soiés de bone sorte. »

CVII

La dame dont je di estoit gaie et jolie,
1900 Jonne, belle et gentilz, et de cors bien taillie.
Li jouvenciax, de qui elle estoit bien servie,
La mist jus du cheval et si li fist aïe,
Et jusques au palais il li tint compaignie ;
Et la trouva Butor et sa grant baronie
1905 Et mainte dame ausi courtoisse et eschevie.
Et si tost qu'elle fu en la salle votie,
Elle dit a Butor : « Sire, mes cuers vous prie

1890. Il li. — 1893. emblant.

5

« Que vous me retenés avecques vo meisnie,
« Car je sui gentilz fame et de haute lignie.
1910 « Si sui de mon païs, n'a pas trois jors, partie;
 « Or est mors mon seigneur, du cors osté la vie.
 « Et s'avoie .j. enfant ausi qui ne vit mie,
 « Lequel je nourrissoie et avoie en baillie.
 « Si sui venue a vous, car on me certefie *(v°)*
1915 « Que vo mouillier ajut hier, en la nuit serie.

CVIII

 — Dame, » ce dit Butor, « vous soiés bien venue :
 « J'ai .j. petit enfant dont elle est ageüe,
 « Si que pour le garder vous serés retenue,
 « Et si serés des dras a ma fame vestue,
1920 « Et après son relief vous porterés sambue,
 « Car plus belle de vous ne puet estre veüe. »
Et quant des chevaliers fu la dame entendue
Il n'i ot si senés cui li sans ne remue,
Car ce c'om pot veoir de sa char toute nue
1925 Estoit plus blans que nège en .j. pré estandue.
Adès de plus en plus est sa biauté creüe,
Et quant des chevaliers estoit bien parceüe,
Chascun d'eus desiroit qu'elle fust a li drue.

CIX

 Quant Butor ot assés a la dame parlé,
1930 Chascuns des chevaliers fu pris pour sa biauté,
 Bacheler, jouvencel, et tout li marié.
 Et Butor en la chambre a la dame mené
 Qui gissoit de l'enfant dedans .j. lit paré.

1911. est, *ms.* a, *ou corr.* On a mort? — 1920. sembue. — 1923.
cui, *ms.* qui. — 1932. *Lacune après ce vers?*

Quant Butor vit sa fame, errant l'a salué,
1935 Et si li a dit : « Dame, or oiés mon pensé :
    « Dieu vous a pourveü par sa douce pité
    « De tretout ce que vous m'aviés hui parlé :
    « Sachiés nous avons bien saint Pere a l'uis trouvé :
    « Se cent ans eüssions a no povoir vissé,
1940 « Nous n'eüssions, je croy, point si bien encontré ;
    « Car nous avons nourrice a nostre voulenté *(f° 42)*
    « Pour nourir l'enfançon que vous avés porté. »
    La dame respondit : « Dites vous verité?
    — Oyl, » ce dit Butor, « et par ma loiauté,
1945 « Onques ne vi plus belle en tretout mon aé ;
    « Vo chambre resplendit toute de sa biauté :
    « Digne est bien de tenir une grant roiauté.

CX

    — Dame, » ce dit Butor, « digne est d'estre roïne ;
    « Sans plus de sa biauté vostre chambre enlumine.
1950 « Mais or le regardés, comme a couleur sanguine !
    « Comme elle a bel viaire, et de biauté roïne !
    « Je suis tretous certains que la vertu divine
    « A tout mis son povoir a li faire enterine.
    « Mais regardés quel cors, du chief jusqu'a l'eschine !
1955 « Et regardés aussi son col et sa poitrine :
    « Il est plus blans cent foys que florie aubespine.

CXI

    — Sire, » ce dit la dame, « elle est et belle et gente ;
    « Je croy c'onques de lui n'en vi plus a m'entente.
    « Sire, or li demandés, par amour, sans atente,

1936. pitié. — 1938. *Corr.* la mére al ni t. ? *cf.* LE ROUX DE LINCY,
le Livre des proverbes françois, I, 187. — 1951. *Corr.* rovine?

1960 « S'a garder nostre enfant guaire li atalente ;
    « Puisqu'elle est devant vous et devant moy presente,
    « S'i[l] li plait a garder qu'elle en die s'entente,
    « Car j'ai fiance en lui pour ce qu'elle est si gente ;
    « Chiers sire, et s'il avient que la dame s'asente
1965 « A garder nostre enfant, si li achetés rente,
    « Bours, villes, ou chastiax, se vous en trouvés vente,
    « Donnés li plus que n'ait li prince de Tarente. »

CXII

    Quant la dame ot parlé, Butor ot joie grant ; *(v°)*
Et puis si demanda a la dame en rïant :
1970 « Dame, vous plairoit il a garder nostre enfant ?
    « Car c'est quanques nous .ij. poons avoir vaillant.
    « Et se bien le gardés, vous avrés du mien tant
    « Qu'il vous en sera miex en tretout vo vivant ;
    « Onques ne vi nourrice a mon gré plus plaissant.
1975 « Si dites vo voloir, ou non du Tout Poissant,
    « Car nous le desirons vraiement bien autant
    « Qu'aler en paradis sans penance faissant. »

CXIII

    La dame respondi, qui estoit belle et gaie :
    « Sire, du bien garder, sachiés, point ne m'esmaie
1980 « Vostre petit enfant, mais que devers moy l'aie,
    « Car il n'en faura point, por certain com je croie,
    « Chose qui soit en moy dont il ait sanc ne plaie ;
    « Mais je le nourrirai de bonne amour et vraie,
    « Sire, que s'il avient qu'en aage se traie
1985 « Et franche voulenté a dame amer l'atraie,
    « Soit abesse, ou nonnain, ou une dame laie,
    « Je ne m'en doute pas que bien ne l'en fortraie.

1960. atalante. — 1961. presante. — 1964. asante. — 1965. rante.
— 1967. Tarante. — 1981. je croie, *ms.* recroie.

CXIV

— Dame,» ce dit Butor, « plus [de] .v. .c. mercis :
« S'il vous plaist que mes filz soit de vo cors norris,
1990 « Chevaus et palefrois et dras fourrés de gris
« Vous d[o]nrai a plenté, du tout a vo devis. »
La dame prist l'enfant, qui moult estoit petis, *(f°43)*
En une chambre a vote ou il avoit .ij. lis
Ala a tout l'enfant, et la fu bien servis,
1995 Si gracïeussement qu'il n'i ot nul mespris.
Et quant la dame fu desous le vouteïs,
Les huis a bien fermés a bons verrous masis,
Si que nus hons vivans n'i pot estre vertis,
L'enfant desvelopa qui li fist maint dous ris ;
2000 Quant desvelopé l'ot, l'anel vit d'or massis
Que ses cors proprement li ot en son doi mis,
Et quant choisi l'anel ses cuers fu esjouïs,
Et li dit doucement : « Mes amoureus chiers filz,
« Encore te sera cis aniax bons amis. »

CXV

2005 Si tost que la dame ot desvelopé l'enfant,
Elle s'ala seoir delés .j. feu ardant,
Et de ses belles mains l'aloit souef portant,
Et derriére et devant moult doucement chaufant ;
Quant elle l'ot chaufé du tout a son commant,
2010 Si le renvelopa en un plisson moult grant,
Et puis dont en un drap de bon fin or luissant.
Quant l'ot envelopé si le laissa atant ;
.IIII. foys le baissa, et toudis en chantant
Et moult courtoissement, si l'ala endormant.
2015 Et quant l'ot endormi, si s'en ala errant
Tout droit en la forest c'on dist de Bersillant,

1996. le, *ms.* la.

Que on ne l'aparçut onques ne tant ne quant ;
Bien a point revenra pour conforter l'enfant.

CXVI

Quant la dame s'en fu en Bersillant alée,   (v°)
2020 A l'enfant s'en revint en icelle journée.
En ce point le garda noblement, mainte année.
Et pour ce que matére en soit miex demoustrée,
Je vous dirai comment et la propre jornée
La dame qui gissoit d'enfant fu relevée,
2025 Et selonc son estat hautement honorée.
Elle fu au moustier moult noblement menée ;
L'arcevesque Richier a la messe chantée
En may par .j. lundi, après la matinée.
Maint chevalier i ot, mainte dame loée,
2030 Et maint riche mantel, mainte dame parée
De cercles de fin or d'euvre bien eslevée ;
Et a son relever fu si joie doublée
Qu'il sembloit proprement par toute la contrée
Qu'el[e] fust de Butor de nouvel espoussée.
2035 Et quant au chastel fu la dame ramenée,
Il y ot maint cornet, mainte trompe sonnée,
Mainte belle chançon noblement vïelée ;
Et ainsi qu'elle fu dedens sa chambre entrée
.I. hiraut s'escria a moult grant alenée :
2040 « A ce coup ci sera prouesce recouvrée,
« Et joie as amoureus sera renouvelée,
« Car on verra frouer mainte lance quarrée.
« Seigneur, je l'ai crïé tout partout la contrée,
« Demain après digner vous donne la jornée. »

CXVII

2045   Et quant Butor oy le hyraut esmouvoir,

2017. C'on.

De la joie qu'il ot ne se pot remouvoir, *(f° 44)*
Et a dit : « Biau seigneur, or pourra on veoir
« Les nobles et les preus, et qui avront povoir,
« Les amans par amours as grans cops parcevoir ;
2050 « Mais cil qui n'amera ne se pourra mouvoir,
« Et s'il ne se deffant il se verra cheoir.
— Par ma foy, » dit Bruiant, « sire vous dites voir :
« La sera tiex amés c'onques ne pot savoir
« Que ce fu de merci ne qu'elle puet valoir ;
2055 « Mais il sera mauvès en l'amoureus manoir.
« Si ert cilz eüreus qui avra tel povoir
« Que de donner biaus coups et puis du recevoir,
« Et c'om pourra le pris sur ses coups aseoir.
— Par ma foy, » dit Butor, « qui pourra tant valoir
2060 « Jamais ne li pourra en armes mescheoir. »

CXVIII

Quant vint après digner, pour honneur essaucier *(v°)*
Li hiraus commança en[s] ou palès plenier :
« Or avant, biau seigneur, or tost : alés laschier ! »
Adont saillirent sus serjant et escuier,
2065 Chascuns ala vestir le bon haubert doublier,
Les lamieres vestir et les hiaumes lacier,
Et les chauces de fer, les esperons chaucier,
Et monter ou cheval et l'escu enbracier.
Qui veïst chevaliers les lances paumoier,
2070 Et courre ces chevaus, des esperons brochier !
Mais on avoit devant fait le hordis drecier. *(f° 45)*
Butor se fist armer auques tout du premier,
Car a ce coup vouloit le sien cors essaier.
Si issi hors as chans sur .j. morel coursier ;

2060. *Rubrique (à partir d'ici, les miniatures n'ont pas été exécu-
tées et la place qu'elles devaient occuper est restée en blanc) :*
Comment Butor de la Montaigne fist crier en un tournoy devant
son chastel, et comment il jousta a Bruiant et l'abati a terre du
cheval moult mehaingniés. — 2063. laschier, *corr.* lancier?

2075 Et qui veïst saillir et courre le destrier
    Il deïst bien : « Vés la .j. dïable avrecier. »
    Dont montérent es hours les dames sans targier,
    Celle de la Montaigne i fu au commancier.
    Li hyraut commança tout errant a crïer :
2080 « Or tost, alés as rans entre vous, chevalier!
    « Tiex est bien haut montés c'on verra trebuchier. »
    Butor dist .j. serjant : « Va ma fame prïer
    « De par moy, et li di que moy veille otroier
    « Ceste premiere lance a ce biau commancier
2085 « Ou non de gentillesce, et que je li requier.

CXIX

    — Sire, » dit li varlès, « a vo commandement;
    « Ce qui vous vient en gré je ferai lïesment. »
    Adonques li varlès s'en ala vistement,
    Et s'en vint au hourdis tost et viguereussement.
2090 A genouillons se mist moult grascïeussement,
    Sa dame salua bien et honnestement -
    Et li dit bien et bel : « Chiére dame au cors gent,
    « Mesire vous requiert a cel commancement
    « Ceste premiére lance ; or vous veigne a talent. »
2095 La dame li respont bel et courtoissement :
    « Puis que c'est ses plaissirs, je li doins bonnement. »
    — Dame, » dit li varlès, « grant merci, il le prent. »
    Adonques s'en parti li varlès baudement,   (v')
    Et revint a Butor tost et isnelement.
2100 Et quant Butor le vit si dit joieussement :
    « Amis, que dit ma fame? arai je nulement
    « Ceste premiére lance? or le me di briesment.
    — Sire, » dit li varlès, « courés hardiement :
    « Otroïe vous est trés amoureussement. »
2105 Et quant Butor l'oy, plus tost c'ars ne destent
    E[s]t venus au hourdis de cuer et baudement,

2090. A genons. — 2094. talant. — 2097. mercis. — 2105. destant.

Ou la dame trouva qu'il amoit loiaument;
Cent foys la mercïa de ce noble present.
. La dame prist la lance et a sa main li tent,
2110 Et Butor la saissi moult amoureussement,
Et puis s'en est tournés sans nul arestement.

CXX

-Si tost qu'il vint as rans chascuns l'ala doutant,
Car il venoit ou poing la lance paumoiant,
Et si estoit montés sur .j. cheval moult grant
2115 Qui valoit bien cent foys de fin or son pesant.
Mais le premier qu'il vit ala si consuivant
Qu'en mi de la vissiére, ou hïaume devant,
Que desus le rochet il ala enportant·
Le hiaume entiérement, et jus de l'auferrant
2120 Il l'abati tout quoy en mi le fiens gissant.
Dont cria li hyraus a[u] viellart tout errant,
Mais Butor s'en ala au hourdis maintenant, ·
Sa fame presanta le cheval en rïant ·
Et le hyaume aussi a la lance pendant.
2125 Quant la dame le vit s'en ot le cuer joiant,   *(f° 46)*
Et dit : «·Sire Butor, pour Dieu venés avant;
. « Soiés avecques nous, n'en faites huimais tant! »
Quant Butor l'entendi s'en ot le cuer dolant,
Et si dit : « Cuidiés vous que je voisse dormant?
2130 « Mieus ameroie avoir perdu mon auferrant. »
Dont retourna Butor et s'en rala courant,
Et quant il vint as rans si a trouvé Bruiant,
Qui ne se pot aidier, en mi le champ gissant,
Si qu'il le convint metre es hourdis maintenant,
2135 Car il ne se povoit soustenir en estant ··
Pour le coup que Butor li donna si pesant,
Dont il en mourut puis maint homme souffisant,
Ainsi com vous orrés ci après ou roumant,

2108. presant. — 2109. tant. — 2117. *Suppr.* Qu'?

Car Bruians ot un fil c'om apela Hermant
2140 Qui puis s'en combati et mena guerre tant
A Brun de la Montaingne es prés de Bersillant,
Mais Bruns l'en ocist puis a l'espée trenchant.

CXXI

Quant Butor ot jousté, chascun le resoigna,
A tout le plus hardi li cuers ou cors trembla.
2145 Si ot un chevalier qui a Butor pria :
« Sire, ne vous courciés se j'asemble a vos ja,
« Car nous sommes tout ci pour savoir qui fera
« Le plus biau coup de lance, et vos cors commança ;
« Si l'avés donné tel qu'a tous jours i parra ;
2150 « Espoir li chevaliers jamais ne s'aidera. »
Et respondi Butor : « Se Dieu plaist, si fera,
« Mais mau jour soit entrés cilz qui m'espargnera ! *(v°)*
— Voire, sire, a desfoy et qui vous en faura ! »
Ce dit li chevaliers : « Je m'en vois par deça ;
2155 « Venez quant vous voulés : il est qui contre ira.
« Se je me lais cheoir om me recueillera. .
— Or va dont, mes amis, » ce dit Butor, « or va !
« Je croy que cil est nés qui bien tost te suivra. »
Quant Butor vit que cilz a ces rans aresta,
2160 Il a tiré son frain, le cheval esloingna,
Demi arpent de terre en sus le recula ;
Et quant il fu en sus .j. petit s'aresta :
Lance mist ou guischet et bien le paumoia :
Il a point le cheval et l'escu enbrasça.
2165 Li autres chevaliers fist autel que fait a :
Il point et broche et moult fort le hasta.
Et quant Butor le vit, guaires ne le douta ;
Quant vint a l'asembler chascun lance bessa,

2139. C. Bruns si ot. — 2144. A t. li p. — 2151. Diex. — 2166.
Corr. Le cheval p.?

Et chascun des chevaus teste a teste encontra,
2170 Le hïaume chascuns son compaignon osta;
Li cheval furent mort, nus des .ij. n'eschapa.

CXXII

Quant li doy chevalier a la terre versérent,
Et cheval teste a teste ambedeus encontrérent,
Et que li chevalier ainsi s'entrehurtérent,
2175 Les dames es hourdis asés s'en murmurérent
C'onques mais plus biax cox de leur iex n'esgardérent,
Si que dedans leurs cuers les barons bien prissérent;
Et de telles i ot qui bien les en amérent
Pour les biaus coups [de lance] que l'un l'autre donnérent. *(f° 47)*
2180 Cil qui furent entour moult tost les relevérent,
Et .ij. autres chevaus errant leur amenérent
Sur quoy li doy vassal apertement montérent.
Quant il furent monté les lances demandérent,
Lorsqu'il furent as rans errant s'entrasemblérent
2185 Et .j. petit devant les chevaus esloigniérent.
Des esperons a or si forment les hurtérent
Que par tout les costés tous les ensanglantérent.
Li uns l'autre si fort a ces cous asenérent
Que jus des .ij. chevaus l'un l'autre desmontérent,
2190 Et si trés malement a la terre versérent
Que moult pou s'en failli qu'andoy ne se tuérent.
Et quant il furent jus li cheval s'en alérent
Li uns sa, l'autre la, [tout] ainsi s'esfraiérent.
Li doy vassal a pié au hourdis s'en tournérent,
2195 Et amoureussement o les dames entrérent.
Li autre, qui miex miex, l'un a l'autre joustérent:
Il tuérent chevax, escus escartelérent,
Il voidiérent des rans et leurs lances brissiérent;
Chascun le fist si bien c'onneur i aquestérent.

2173. embedeus.

CXXIII

2200   Tout ainsi que Butor fu venus as hourdis,
      Il et li chevaliers de cui fu envaïs,
      Il ont trouvé Bruiant qui moult estoit malmis.
      Et quant Butor le vit, si li dit : « Dous amis,
      « Je te requier pardon ou non de Jhesucris;
2205 « Car je t'ai en couvant se m'eüsses ocis,
      « Mais que g'eüsse esté en unne espasse vis,   (v°)
      « Pardonné le t'eüsse, et puis tous tes amis.
      — Sire, » ce dit Bruiant, « la vostre grant mercis,
      « Et je le vous pardon que frans hons et gentis.
2210 « Mais je croy c'onques mais ne fu d'omme sentis
      « Nus plus biaus horïons, j'en sui certains et fis,
      « Car li cuers de mon ventre est presqu'en .ij. partis.
      « L[i] ame de celui puist estre em paradis
      « Qui set ainsi paier sans acroire tous dis! »
2215 Et quant Butor l'entant si en geta .j. ris,
      Si li dit : « Chiers amis, j'ai esté mal apris :
      « Cil cop ont esté fait pour l'amour de mon filz. »

CXXIV

      Quant il orent jousté toute jour ajournée,
      La jouste s'enforsa encontre l'avesprée;
2220 La ot maint chevalier versé jambe levée,
      Et tué maint cheval, mainte espaule espaulée,
      Et maint escu perciet, mainte selle espautrée,
      Maint rochet desnoué, mainte lance frouée,
      Maint hïaume alet jus a teste desfublée,
2225 De ces lances ausi donné mainte colée;
      De ces dames aussi y ot mainte risée,
      Et s'en y avoit bien aucune enamourée

2205. c. que se.

Qui d'aucun chevalier povoit estre privée.;
Et si avoit bien telle amoureusse penssée
2230 Qui moult petitement estoit, espoir, amée.
Tout ainsi fu ce jour la jouste demenée
Pour Brun de la Montaigne et pour la relevée
Qui estoit as hourdis des plus[eurs] esgardée, *(f° 48)*
Pour la biauté de quoy elle estoit bien parée.
2235 La jouste si dura jusqu'a la nuit serrée ;
Si s'en revint on quant la lunne fu levée.
Adonques i ot il mainte torche alumée,
Et puis si fu la dame au chastel enmenée ;
Si ot avecque li mainte dame honorée,
2240 Et maint bon chevalier qui ot la teste armée,
Qui de bien faire avoit eü ce jour mainte huée.
Tout ainsi s'en ala ou chastel l'asemblée ;
Et quant tout furent ens la porte fu fermée,
A .l. serjans estroitement gardée ;
2245 Toute nuit anuitie ont grant joie menée ;
La y ot mainte dame baissiée et acolée.

CXXV

Ainsi fist on deduit toute nuit anuitie,
Et soulas et revel en celle compaignie,
Ausi tost que la jouste eut esté defaillie.
2250 La ot maint estrument et mainte note ouïe,
Et maint dit recordé, mainte chançon jolie ;
Car la estoit la flour de la chevalerie,
Qui onques fust regnans tant que la mer ondie.
Adont fu commandé a toute la maisnie
2255 Que la vïande fu preste et apareillie.
Après ce fu errant mainte table drecie ;
Mais on les emporta en une praierie
Ou li erbe croissoit belle et gaie et jolie,
Et si avoit entour mainte rose espanie ;

2228. povet. — 2241. *Suppr.* ce jour! — 2249. eut, *ms.* eust.

2260 Si ot mainte autre fleur avec mainte soussie :   *(v')*
     Ce sembloit du deduit une grant melodie.

CXXVI

     Quant li soupers fu prest on fist l'iave corner :
     Dames et chevaliers se pristrent au laver ;
     Quant il orent lavé s'asistrent au souper.
2265 Main a main, .ij. et .ij., se vont entremerler
     Dames et chevaliers pour eulz plus honnorer.
     Quant Butor fu asis il ala regarder
     Tout aval le prael, si ne vit pas ester
     Le chevalier Bruiant, si s'en prist a irer ;
2270 .I. chevalier hucha et prist a demander :
     « Dites, ou est Bruiant, que ne vient il souper ?
     — Sire, » dit li vassaus, « je le vois apeler. »
     Dont prist li chevaliers son chemin a aler,
     Si encontra Bruiant qui se fist amener
2275 Par .iiij. chevaliers, bellement, sans croller,
     Car il avoit rompu ses rains au desmonter ;
     Si se faissoit en air soustenir et porter.

CXXVII

     Quant li chevaliers vit que Bruiant s'en venoit,
     Si li dit doucement : « Butor si m'envoioit
2280 « Par devers vous savoir quel chose il i failloit,
     « Car il estoit iriez quant il ne vous veoit ;
     « Et si soiez certains vraiement qu'il vouroit
     « Qu'il li eüst cousté cent mars d'or orendroit,
     « Que vos cors fust aussi sains c'au matin estoit ;
2285 « Car quant li coups fu fais a pou qu'il n'esragoit. »
     Ce respondi Bruiant : « Avenir me devoit ;
     « Ne m'en chaut quant mes cors en grant santé le voit, *(f° 49)*
     « Car mout seroie iriés se maus li avenoit,

2269. irier. — 2280. i, *ms.* li.

« Et le feroit a moi, sachiés, qui li feroit. »
2290 Adont s'en fist porter tout droit la ou on soupoit,
Et quant Butor le vit si grant joie en avoit
Que li cuers de son ventre en son cors sauteloit,
Et amoureussement delés lui l'aseoit,
Et ainsi que son cors a table on le servoit,
2295 Ainsi qu'a gentil home honneurs apertenoit.

CXXVIII

Quant Bruiant fu assis, chascuns fu moult joians,
Mais du mal qu'il avoit i ot moult de dolans,
Car de la compaignie estoit li plus poissans
Fors Butor qui estoit tout li plus sousfissans.
2300 Or estoient chascuns des chevaliers en grans
Que Bruiant fust garis et en santé manans.
Si li a dit Butor : « Dous amis, quiex semblans ?
— Sire, » ce dit Bruiant, « vraiement, moult pesans,
« Mais pour l'amour de vous sui je ci demourans :
2305 « Je fusse miex assés sus .j. lit repossans. »
Adont a apellé Butor .iiij. serjans,
Et leur a dit : « Seigneur, faites tant que Bruians
« Puist estre bien couchiés, car il est desirans. »

CXXIX

Tout li .iiij. serjant ont Bruiant enporté
2310 Et l'ont moult doucement de la table levé ;
Si l'ont couchiet souef dedens .j. lit paré,
Et si l'ont bien couvert d'un couvertour fourré,
Et moult trés doucement si li ont demandé
S'il vouloit chose avoir qui fust por sa santé ;   (v°)
2315 Et il leur respondi : « Nenil en verité,
« Car du grief mal que sans me sant bien saoulé. »
Adonques li vassal si s'en sont retorné,

2314. senté.

Et ont laissié Bruiant en son lit adolé,
Et puis sont a Butor erranment retorné;
2320 Si li ont le grief mal de Bruiant raconté.
Et quant il l'entendi s'en ot le cuer iré,
Et dit qu'il voudroit bien qu'i li eüst cousté
.II. cens mille mars d'or et d'argent monnáé,
Et onques ne l'eüst a ce cop encontré,
2325 Tant en estoit courciés de bonne voulenté.

CXXX

Or ot .j. chevalier delés Butor asis
Qui dit : « Sire, pour Dieu, ne soiés si marris,
« Car vostre compaignie en vauroit assés pis.
« Se li chevaliers est un pou mal a point mis
2330 « Il sera, se Dieu plaist, dedans demain garis,
« Mais c'om pense de lui, j'en sui certains et fis.
« Et li chevaliers [est] gentiex et de haut pris,
« Et si vous est venus veoir en vo païs :
« Se vous estes iriés n'en sui pas esbaubis. »
2335 Et quant Butor l'oy, tristres fu et pensis,
Si dit au chevalier : « Vous dites voir, amis,
« Or couvient que de nous soit .j. [tiex] consaus pris
« Afin qu'il puist avoir santé dedens .ij. dis. »
Ce dit li chevaliers : « Vos avés bon avis ;
2340 « Avant qu'il soit demain ert en autre point mis,
« S'il plaist a Jhesucrist le roy de paradis. » *(fº 50)*

CXXXI

— Seés vous,» dit Butor, «[or] faisons bon samblant.»
Dont alérent servir escuier et serjant,
Et par devant Butor .j. chevalier tranchant
2345 Et un autre le vin en la coupe versant.
Quant beü et mangié orent tout li vaillant,

2338. senté. — 2342. v. ce d. B.

Adonques commanda Butor tout maintenant
Qu'il demenassent joie, li petit et li grant ;
Mais tout adès estoit tourmentez por Bruiant.
2350 Adont par le prael fist on joie moult grant,
Pour Brun de la Montaigne et la dame plaissant
Qui relevée estoit a celui jour d'anfant.

CXXXII

Si tost com ot soupé, li hiraus se leva
Et a plaine gargate esranment s'escria :
2355 « Seigneur, or entendés, pour Dieu escoutés la :
« Il est bien verités que ceans de tiex a
« C'onques nul plus hardi nature n'en forma,
« Et s'i a tel ausi qui troys lances brissa,
« Et s'i a tel ausi qu'a la terre versa,
2360 « Car je vi tous les coups que chascun y frapa ;
« Et s'i ot ausi tel qui chevaus espaula ;
« Et benoit soit de Dieu qui le pris aserra
« Au meilleur qui i soit et qui le miex jousta,
« Car bien connois celui qui bien deservi l'a,
2365 « Si que, a mon povoir, je croy le pris avra.
« Je pri Dieu que pendus soit cilz qui en faura,
« Et qui a son povoir bien ne l'asenera. »
Moult en y ot de tiex a qui li cuers trembla,   *(v°)*
Car chascun des joustans le pris avoir cuida,
2370 Mais certes c'uns tous seus avenir n'i pourra.

CXXXIII

Quant li hyraus ot dit, oiant tous, ses pensées,
Aus .ij. dames s'en vint cointement acemées
Qui orent sur leur chief .ij. couronnes dorées ;
De riches dras de soie estoient aournées,
2375 Et d'autres paremens si gaiement parées,

2361. Et si y ot. — 2366. Diex.

A leur habit sembloit que ce fussent .ij. fées.
 Moult doucement les a li hyraus apellées ;
 Si leur dit par amour : « Or soiés aprestées,
 « Car par vous .ij. seront les honneurs presantées
2380 « Pour quoy les lances ont hui esté si froissiées
 « Et cheval abatu, espaules espaulées,
 « Mains hïaumes hostés, frapé maintes colées. »

CXXXIV

 Quant les .ij. dames ont le hyraut escouté,
 Moult doucement li ont enquis et demandé
2385 Pourquoy il les avoit toutes .ij. apellé.
 Il leur a respondu par moult grant amisté :
 « Mes dames, il couvient que vous aiez porté
 « Le pris au chevalier a qui je l'ai donné,
 « Car il l'a deservi, et par ma loiauté ;
2390 « Mais il faura avant que vous aiés tourné
 « .IIII. tours tout entour le gracïeus barné,
 « Tant que vous l'aiés [bien] connut et avissé,
 « Par quoy vous [le puissiez] si avoir asené
 « Qu'il ne puist estre a vous ni a moy reprouvé. » *(fº 51)*
2395 Les dames li ont dit : « Faites vo voulenté.

CXXXV

 — Dame[s], » dit li hiraus, « par vostre asentement
 « Vourai donner le pris selonc m'entendement,
 « Mais vous le porterés et s'en ferés present
 « Au chevalier qui l'a deservi vraiement ;
2400 « Et vous le savrés bien faire courtoissement,
 « Et je le vous requier trés amoureussement. »
 Les dames li ont dit : « Or nous dites comment
 « Li pris sera donnés tretout premiérement.
 — Dame[s], » dit li hiraus, « par vo consentement,

2386. amistié. — 2398. presant. — 2404. vos.

2405 « Se ce vous semble bon, c'est .j. escu d'argent
 « A .iiij. bandes d'or ouvré moult richement,
 « Et s'a entour l'escu asis soutivement
 « Bien .xiiij. milliers de pailles d'Orïent,
 « De quoy li plus petis vaut de s. plus de cent.
2410 « Je le vous mousterrai : veez le la ou il pent. »

CXXXVI

 Avecques le hiraut s'en vont les dames gentes
 Qui a toutes bontés ont misses leur ententes
 Et a donner le pris furent de cuer presentes.
 Je croy c'onques nus hons en chemin ni en sentes
2415 Ne vit en son vivant ,ij. plus belles jouventes,
 Car des fleurs de biauté sont les plus exellentes.
 L'escu ont enchargié sans faire plus d'atentes,
 Au porter tout entour ne furent pas ausentes.

CXXXVII

 A l'emporter entour l'escu [en] vont chantant (vº)
2420 Les .ij. dames d'onneur dont je vous vois parlant;
 Li hiraus a son tour les aloit responnant.
 Chascuns qui la estoit les aloit esgardant,
 Car grassïeussement s'aloient deportant,
 Et si dissoit chascuns : « Veés ci deduit plaissant,
2425 « Et si veez ci presant bien le plus sousfissant
 « C'onques nus hons veïst en trestout son vivant.
 « Eüreus chevalier qui cors a si poissant
 « Qui em pourra porter le pris si avenant ! »
 Quant li tour furent fait et derriére et devant, (fº 52)
2430 Li hyraus s'en ala as dames conseillant,
 Et leur dit : « Veez vous ce chevalier plus grant?

2406. ouvrées. — 2413. presantes. — 2416. exellantes. — 2417.
atantes. — 2418. *Rubrique* : Comment les dames et le hiraut
donnérent le pris au chevalier et un escu d'argent.

« Il faut qu'il ait le pris a ce tour maintenant. »
Les dames li ont dit : « Tout a vostre commant :
« De quanqu'il en i a n'i savons miex faissant,
2435 « Car .ij. foys abati Butor de l'aufferrant,
« Et s'en eüst Butor bien deservi autant,
« Pour ce qu'il desmonta de son cheval Bruiant,
« Et si li emporta son bon hyaume luissant ;
« Mais qui .ij. foys abat, il doit avoir avant.

CXXXVIII

2440 — Dame[s], » dit li hyraus, « or ne vous anoit mie :
« Butor est souverains de ceste compaignie ;
« Qui li donroit le pris il ne le prendroit mie,
« Car sa feste en seroit de tant mains essaucie
« Se li pris demouroit dedans sa menantie ;
2445 « Et cilz chevaliers est plains de chevalerie,
« Car Butor encontra par moult grant aramie,
« Et si sai de certain qu'il ne l'espargna mie,
« Car bon cuer et bon cors a et chiére hardie,
« Comment qu'il ne soit pas de si haute lignie.
2450 « Si dist il a Butor une grant courtoissie :
« Qu'il ne lui anuiast s'il faissoit envaïe
« Encontre lui, comment que ce fust reverie ;
« Et si le jeta jus a la premiére fie.
— Hiraus, vous dites voir, par la vierge Marie ;
2455 « Or li portons le pris, li miens cuers vous em prie ;
« C'est je croy li plus grant de ceste compaignie. *(v°)*
— Certes, vous dites voir, douce dame jolie, »
Respondi li hiraus, sans penser a folie ;
« Or li portés le pris devant la baronnie. »

CXXXIX

2460 Li chevaliers qui fu assés près de Butor

2439. il le d.

Si estoit moult pensis et seoit a .j. cor ;
Et les dames l'escu as .iiij. bandes d'or
Ont a li presanté en l'onneur du restor
Du bien fait qu'il ot fait, et tiex qui ot chief sor
2465 Dist : « Dames, » doucement, « il n'apartient encor
« Que tiex biens soit tournés encore en mon [t]resor,
« Car il a ceans tel qui ot .j. cheval mor,
« Qui vint jouster a moy en bruiant comme tor,
« Et si me fist ploier, ausi c'un arc de cor,
2470 « Par desus mon cheval, dont je me duel encor.

CXL

— Par ma foy, » dit Butor, « bien asené l'avés,
« Car onques a nul jour ne fui miex encontrés
« D'omme tant fust poissant ne tant fust forsenés.
« Je vous pri, chevaliers, le pris ne refussés,
2475 « Car il est emploiés tout a mes voulentés,
« Et la ou il est assis de par moy fust donnés,
« Car par vostre cors fu li miens tex atornés
« Que de vo cop premier fui a terre portés,
« Dont je vous en grasci et sai ausi bon grés
2480 « Que se mes anemis eüssiés tous tués. »
Respont li chevaliers : « Sire, quant c'est vos grés
« Que de si petit homme est tiex pris conquestés,
« Sire, com mes cors est, Diex en soit aourés, (f° 53)
« Quant a telle eure fui onques de mére nés
2485 « Que je ai tant d'onneur en vostre fremetés. »
Des .ij. dames li fu li escus presantés,
Et il l'a receü par fines amistés :
Elles li ont livré, puis en fu acolés.
.I. escuier sailli qui estoit aprestés
2490 Par cui li escus fu a son ostel portés.

2483. *Corr.* comment c'or soit?

CXLI

Quant li pris fu donnés au cortois chevalier
Sachiés qu'il n'i avoit en lui qu'esl[e]escier,
Et ausi n'avoit il en Butor le guerrier.
Adont vindrent a lui serjant et escuier,
2495 Et les dames aussi ou il n'ot qu'enseignier,
Et si li ont dit : « Sire, il faut esbanoier ;
« Nous dames vous prions que vous venez treschier
« Ou faire la karole en ce jolif vergier.
— Dames, » dit li vassaus, « ne vous veille anoier :
2500 « Il me convient avant donques apareillier. »
Adonques s'en ala sa robe despouillier,
Au hiraut la bailla, et sans plus delaier ;
Et cilz li demanda : « Est ce pour mon louier ? »
Et li vassaus respont : « Tu auras .j. coursier
2505 « Que demain te donrai ainz que voie anuitier. »

CXLII

Quant li chevaliers ot sa robe despouillie,
Et donné au hyraut, il ne demoura mie,
Mais s'en vint karoler dedens la praierie,
Ou il y a trouvé si belle compaignie
2510 C'om n'en pourroit trouver nes une plus jolie.   *(v°)*
Des dames estoit ja la feste commancie,
Qui dura toute nuit jusqu'a l'aube esclarie,
Et l'andemain ausi desiques a complie.
Mais Butor se coucha en icelle nuitie
2515 Avecques sa mouiller courtoisse et enseignie.
Entreusqu'en u praël fu amis et amie,
Amours, amés, amans, tout d'une compaignie ;
Es prés en pluissieurs lieus toute la nuit serie,
La peüst on trouver l'amoureuse maisnie.
2520 Ainsi remestrent la toute nuit anuitie.

CXLIII

Ausi tost qu'il fu jors et que la nuit failli,
Li chevalier qui sont ou praël endormi
Se sont tout esveilliet, et les dames ausi.
Quant la se sont trové moult furent esmari;
2525 Mais plusours foys se sont amant ainsi norri,
Quant ce sont cuer loial amoureus et joli
Qui ainment par amour, bonne amour le[s] duit si
Que painnes et travaus lor sont a joie onni;
Et ce sont li loial qu'amours gouverne ainsi,
2530 Car noble dame n'eut onques loial ami
Qui n'a parfaitement les fais d'amour senti;
Car vrais cuers amoureus a toudis biens en li,
Santant les biens d'amour en esperant merci,
Si qu'en lui prent tous jours voloir de vrai ami;
2535 Ainsi vit amoureus tout adès sans soussi.

CXLIV

Ainsi jusqu'a matin par le vouloir d'amour
Furent li chevalier ou prael jusqu'au jour, *(f° 54)*
Et les dames ausi sans panser a folour,
Qu'i n'i eut onques nul qui pensast deshonnour;
2540 Et firent ou palais l'andemain leur retour,
C'onques n'i ouï on ne noisse ne clamour.
Or avint doucement que par l'amoureus tour
Que li frans chevaliers qui ot eü l'onnour
Si trouva une dame en .j. petit destour :
2545 .IIII. foys la baissa et li requist s'amour
Trés amoureussement et en vraie douçour;
Elle li otroia par l'amoureus labour,
C'onques el n'en cria ne fist noisse ne plour :

2533. *Corr.* S'atent?—2543. eue.—2546. douceur.—2548. el, *ms.* en.

Ce fu canqu'il y ot fors la feste greignour
2550 Que Butor avoit fait c'om clamoit le seignour.

CXLV

Quant ce vint l'andemain et prime fu sonnée,
Que Butor se gissoit par delés s'espousée,
Il li dit : « Belle suer, vous estes relevée,
« De quoy j'en graci Dieu et la Vierge honnorée,
2555 « Quant a son dous plaissir vous estes relevée.
« J'ai planté de ma gent en iceste contrée
« Que j'ai pour vostre amour en pluseurs lieus mandée ;
« Or sui je tout certains que pas ne leur agrée,
« Car puis qu'il est ainsi que la feste est passée
2560 « Il ne leur plaira mais la longue demourée.
« Dame, si vous requier, se vos plaissirs l'agrée,
« Que je donne congiet a ma gent honorée,
« Qui pour moy a esté travaillie et penée. »
La dame respondi com dame bien senée :   (v°)
2565 « Sire, quant vous avés vo gent ci assemblée,
« Et que du haut païs l'avés ci aünée,
« Ce sera grant meschiés s'il n'on[t] bonne soudée,
« Car il n'avront jamais la perte recouvrée
« Qu'il ont eü pour vous, espoir, en ceste année. »

CXLVI

2570 Quant la dame ot parlé qui moult ot le cuer vray
Et le cuer amoureus, courtoys, joli et gay,
Butor li respondi : « Ma dame, je donray
« Bruiant d'Ynde majour .iiij. destriers que j'ai
« En restor du grant grief qu'en joustant fait li ay,
2575 « Et l'autre chevalier qu'après luy encontray,
« C'est cilz qui a le pris, je li restoreray
« Le cheval qui fu mors que desous lui tuay,

« Et .l. mars d'or avec li renderay;
« Et tout li autre ausi [que] travaillié tant ay,
2580 « Chascuns avra coursier de moy ou cheval bay,
« Avecques .xx. mars d'or que chascun lesseray. »

CXLVII

Et quant Butor ot dit a sa gentil mouiller
Les dons qu'il vouloit faire a chascun chevalier,
. Elle li dit : « Butor, ne vous veille añoier,
2585 « Il sont a vous venu pour vo feste essaucier,
. « Et s'a porté Bruiant, doucement, sans noissier,
. « Ou bois de Bersillant vo fil sur le gravier
« Si que vous l'en rendés asés petit louier,
« Car loiaument l'a fait de bon cuer et entier,
2590 « Si que vous l'en devez amer et tenir chier,
« Quant il aida vo fil son bien a pourchacier. *(f° 55)*
— Dame, » ce dit Butor, « il l'avra tout entier
« Tout ce que j'ai proumis, mais veilliez li baillier
« Autretant de par vous, s'en ferés a prissier.
2595 — Sire, » ce dit la dame, « et je vueil afier
. « C'autretant en avra après mon descouchier. »

CXLVIII

Quant Butor fu levés et la dame ensement,
En son palais manda errant toute sa gent,
Et il i sont venus tout amoureussement;
2600 Et quant Butor les vit devant lui en present,
Si leur a dit : « Seigneur, mes cuefs graces vous rent
« De l'onneur qu'avés fait a moy premiérement,
. « Et a ma fame ausi qui moult a le cors gent.
, « Vous vous en irés tous en vostre tenement,

2599. i, ms. li.

2605 « Mais vous avrés de moi moult petit paiement :
   « Vous qui estes venus a mon commandement,
   « Par dedans mon chastel, sachiés certainement
   « Que jamais n'i vendrés ausi hastivement.
   « Tant qu[e] a maintenant j'ai de vous mon talent.

CXLIX

2610 « Seigneur, » ce dit Butor, « en vos lieus en irés,
   « Et se j'en ai besoing asés tost revenrés;
   « Mai[s] to[tes] voies .j. pou du mien enporterés :
   « Chascuns avra .xx. mars de florins monnaés.
   « Et s'il i a aucun qui cheval ait tués
2615 « Qu'il n'ait sur quoi monter, ou cheval espaulés,
   « Si le die briesment : il sera remontés.
   « Alés tous au tresor et les deniers prenés,
   « Et s'il vous faut chevaus, as marechaus alés : *(vº)*
   « Il vous en bailleront de tretous ensellés.
2620 « Vous, sire chevaliers, qui le pris enportés,
   « Parlés avant a moy que de ci vous partés :
   « Sachiés vostre chevaus vous sera restorés
   « Et .l. mars d'or au tresor prenderés.
   « Et si vous pri pour Dieu que Bruiant m'amenés,
2625 « Car je sui tous certains qu'il est mal atornés. »

CL

   Quant Butor ot parlé on amena Bruiant
   A .iiij. chevaliers bellement soustenant;
   Et quant Butor les vit si en fit bel semblant,
   Si li a dit : « Amis, je t'en pri, vien avant,
2630 « Di moy comment il t'est, ne le me va celant. »
   Et Bruiant li a dit, mate chiére faissant :
   « Sire, il m'est povrement, la merci Dieu le grant,
   « Mais il me sera bien, venus sui a vo mant. »
   Ce respondi Butor : « Venus i es er[r]ant;
2635 « Tu avras cent mars d'or en ton grief restorant,

« S'avras .iiij. coursiers avec ton auferrant;
« Or envoie au tresor, si l'avras maintenant.
« Aussi de par ma fame en avras tu autant
« Pour ce que as gardé loiaument son enfant.

CLI

2640 — Sire, » ce dit Bruiant, « mile fois grant mercis
« Quant j'ai de vous cent mars de fin or tout masis,
« Mais je sui de mon cors malement maubailis.
« Mais, s'il plaist a Jhesu, je serai tost garis,
« Car je sui en la main d'un trés bon mire mis. (f° 56)
2645 « Sire, je vins hetiés a vous de mon païs,
« Or m'en faudra aler ainsi c'uns hons maumis,
« Dont je sui a meschief et tristres et marris.
« Or ne sai je comment g'i soie revertis,
« Car de ma fame y ai :ij. jonnes enfans petis;
2650 « Se je muir ou chemin il seront trop malmis.
— Amis, » ce dit Butor, « est ce voir que tu dis?
— Ouïl, » ce dit Bruiant, « par Dieu de paradis,
« Et s'en y avoit .j. qui n'ert pas plus massis
« De Brun de la Montaigne estoit, quant j'en partis. »

CLII

2655 Adonques fist Butor Bruiant apareillier,
Et furent delivré a lui tout li coursier;
Et pour lui a son droit et son aisse couchier
Il fist une litiére errant apareillier,
Et puis mist on dedens Bruiant sans delaier,
2660 Et puis si fu couvers a guisse de princier,
Et par desous son chief mist on .j. oreillier.
Et puis dont sont monté tout li cent chevalier;
Demandé ont congié a Butor le guerrier,

2636. ton, ms. tont. — 2638. autent: — 2649. enfens; suppr. y? —
2653. ert, ms. est. — 2654. Corr. Que B.?

Et il leur a donné de cuer sans atargier.
2665 Butor les convoia et .I. escuier
Jusqu'au bois Bersillant sans voulenté changier.
Trestout li cent baron s'en tornérent arrier;
Mais pour l'amour Bruiant leur pot moult anoier,
, Qui aloit en litiére et ne pot chevauchier,
2670 Car Butor l'avoit [fait] au cheoir tout froissier.

CLIII

· Tout ainsi que Bruians chevauchoit ou chemin, *(v°)*
Par dedens sa litiére, et que doy fort romcin
Le portoient en air, sans noisse et sans hutin,
Il s'est fait metre jus droit par desous .j. pin
2675 Qui estoit a un lés acostés d'un sapin,
Et a l'autre costé avoit .j. aubespin.
Il apela Butor d'umble cuer et benin,
Et dit : « Sire Butor, tant avés le cuer fin
« C'om ne vous doit faillir en noisse n'en hutin.
2680 « Nous nous sommes parti de vous a ce matin;
« Sire, vous en irés en vo palais marbrin,
« Et nous recomandés de bon cuer enterin
« A ma dame plaissant cui Diex doint bonne fin!
« Nous avons cuer et corps a son vouloir enclin. »

CLIV

2685 Bruiant donna congié a Butor son seigneur,
A cuy il devoit foy et hommage et honneur,
Et dit : « Sire Butor, je sans moult de douleur,
« Si soiés tous certains que de mourir ai peur.
« Ge vous ai en couvent que, par mon createur,

2683. cui, *ms.* que. — 2688. *Suppr.* que *et corr.* p[e]eur *(ou* p[e]our,
en faisant passer toutes les rimes à our)*.

2690 « Jamais ne me verrés en santé plus greigneur. »
Quant Butor l'entendi, s'eut au cuer grant ireur,
S'en geta voiant tous maint soupir et maint pleur,
Et dit : « Se je vous pers, je pert bien le meilleur
« Qui soit ore vivant, et de ma gent la fleur.
2695 — Avec ce, » dit Bruiant, « ai ge moult grant cremeur
« Que Hermans mes chiers filz n'en porte la rigueur
« A Brun, le vostre enfant que je tieng por mageur. »

CLV

Ce respondi Butor : « Amis, n'i pensés ja ; *(f° 57)*
« Chascun des .ij. enfans bien se conportera,
2700 « Mais, s'il plaist a Jhesu, ja guerre n'en sera.
— Non sire, » dit Bruiant, » au mains qui m'en crerra,
« Mais je sui tout certains que mes cors n'enterra
« Jamais en mon païs, tant de mal mes cuers a.
« Je sui si adolés que mes corps finera
2705 « En mi lieu du chemin, avant qu'il veigne la,
« Si que Hermans mes filz jamais ne me verra,
« Ne ma belle mouiller qui souef le porta. »
Quant Butor l'entendi de son cuer soupira,
Et des iex de son chief moult tendrement pleura.
2710 Bruiant jeta .j. cri quant on le renchercha ;
Chascun des chevaliers sur son cheval monta,
Et Butor prist comgié, a Dieu les comanda,
Il et sa compaignie erranment retorna.

CLVI

Ainsi a Butor pris le congié de sa gent,
2715 Et il vont chevauchant tost et viguereussement,
Et n'i ont aresté fors que tant seulement

2698. A ce r.

Que li cheval ont pris leur repast simplement;
Mais il n'alérent pas chevauchant longuement
Que Bruiant trespassa en mi lieu de sa gent.
2720 Quant il fu trespassés il y ot tel tourment
Que puis en furent mort li .l. des cent.
S'emporta on le corps ou païs vistement,
Mais puis en mourut il asés vilainement
Maint homme sousfissant, se l'estoire ne ment,
2725 Ainsi com vous orrés se chascun bien m'entent. *(vº)*

CLVII

Butor de la Montaingne ot sa gent convoïe,
Si s'en vint chevauchant par la forest fueillie,
Avecques li avoit moult belle compaignie.
Or ont tant chevauchié en la forest antie
2730 Qu'il en sont issu hors devers la praierie;
S'ont choissi du chastel la fort tour bateillie,
A la Montaigne sont venu devant complie,
Entré sont ou chastel a belle compaignie.
Quant la dame les vit, s'en fu moult esjoïe
2735 Et dit a son seigneur : « Diex vous doint bonne vie!»
Et il li respondi : « Diex doint bon jour m'amie
« Qui est douce et plaissant, gente, jonne et jolie! »
— Sire, » ce dit la dame, « or ne me mentés mie :
« Donnastes vous congié a vostre baronnie?
2740 — Ouïl, » ce dit Butor, « mais moult estoit marrie
Pour l'amour de Bruiant qui perdera la vie. »
La dame respondi : « Par la vierge Marie,
« Je ne fui onques mais a nul jour si courcie ! »

Huimais orrés chançon de matiére enforcie :
2745 Si lairons de Butor et de sa compaignie,
Si dirons de son filz ou biauté frutefie,

2722. le, *ms.* les. — 2725. entant.

Et comment le nourri la dame seignorie
Tant qu'il fu chevaliers, s'il est qui le vous die.

CLVIII

Tant que la fée fu ou chastel seignori
2750 Doucement l'enfançon aleva et nourri.
Quant elle l'ot nouri bien .ix. ans et demi
Il avoit en estant le cors si agenci   (f° 58)
Qu'il n'en fu onques nul plus gracïeus de li ;
Et de ce ot Butor le cuer moult esjoï.
2755 Il amoit les oissiaus et les chiens autresi,
Et tant que il avint par .j. jour de mardi
Que li enfez estoit delez un pré flouri ;
Si tenoit sur son poing un faucon joli,
Si vit en un vivier .j. malart acroupi :
2760 Si a geté l'oissel et li malart sailli.
Li oyssiaus vola tant que le malart choisi :
Il le toucha de l'elle, a terre l'abati ;
Et quant Brun l'a veü moult s'en est esbaudi :
Au malart est venus, a ses mains le saissi,
2765 Et quant il tint l'oissel, a son coutel l'ouvri,
Et puis a son oissel le cuer errant tendi,
Et li oissiaus revint courtoissement a li.
Quant il ot fait ce vol, du vivier se parti,
Dont s'en vint au chastel errant, sans nul detri.

CLIX

2770 Quant Brun de la Montaigne ou chastel fu venus,
Il a trouvé Butor qui fu viex et chanus
Qui li vint au devant les .ij. bras estendus,
Et li a dit : « Biax [filz], buer fustes conseüs,
« Car pour l'amour de toy sui de joie esmeüs ;
2775 « Et si cuidoie orains que tu fusses perdus ;

2758. faaucon. *Le vers reste trop court.* — 2773. fusses.

« Mais loés en soit Diex quant tu es revenus!
— Sire, » ce li dit Bruns, « mes deduis est creüs,
« Car mes oissiaus a ja ce malart jeté jus,
« Si que mes deduis vient adès de plus en plus. *(v°)*
2780 « Diex en soit aourés, li sires de la sus! »
Ce respondi Butor : « Or en alons lassus :
« Il est tans de disner, se tu es descendus.
« Se Diex plaist, vos estas ert encore creüs. »

CLX

Quant Bruns de la Montaigne ot age de .xv. ans
2785 Et li temps fu venus qu'il fu damoissiaus grans,
Celle qui le nourri l'apella en brief temps,
Si tost qu'elle aperçut qu'il vouloit estre amans
Et que dames estoit a son sans desirans,
Et que de leur amour les estoit requerans,
2790 Car elle savoit bien qu'il estoit ja en grans
D'acomplir son vouloir par amoureus commans,
La dame dit a lui : « Gentiex damoissiaus frans,
« Je vous pri par amour soiés a moy parlans,
« Car li temps est venus que vous serés pensans
2795 « As amoureus delis, si vous serai laissans ;
« Car vous serés briesment une dame acointans
« Pour cui vous trairés moult de paines et d'ahans,
« Car paines et travaus serés pour lui santans ;
« Si que, biax trés dous filz, mes cuers est asantans
2800 « Que je praingne congié de vous jusques au tans
« Que vo premiére amour sera presque faillans,
« Car trés bien amerés, et par les faus semblans
« Qu'elle vous mousterra vous sera decevans. »
Et quant Bruns l'entendi si en fu moult dolans,
2805 C'onques hons ne fu si qui onques fust vivans,
Car a pou qu'il n'estoit hors de son sans issans. *(f° 59)*

2783. vos, *corr.* nos ? — 2789. les, *ms.* leur.

CLXI

Et quant Bruns ot oy sa nourice parler,
Si dit : « Dame, pour Dieu, vous en faut il aler ?
« Hélas ! se je mesprans en fait ou en parler,
2810 « Qui avrai [je], pour vous, qui me puist dotriner ?
« Jamais ne vous verrai, ne m'en faut plus douter ! »
Et quant la dame l'ot si commance a pleurer,
Si l'ala près de lui estraindre et acoler,
Et li dit : « Biax dous filz, cel pas couvient passer,
2815 « Et si faura .x. ans la fausse amour durer.
« Mais au chief des .x. ans vous en verrés oster,
« Et si ne vous lerai ja a reconforter
« Pour nulle riens qui soit c'omme puist presanter;
« Ne ja ne vous faudrai tant com pourrai durer,
2820 « Et me deüst on tous les membres decouper.
« Mais je ne pourrai plus avec vous demourer,
« Car il me faut de vous partir et deseyrer,
« Mais a vo grant besoing m'i verrés retourner.
— Dame, » respondi Bruns, « de ce vous doy loer
2825 « Quant a mon grant besoing me venrés vissiter ;
« Mais je vous veil requerre pour Dieu et demander
« Si je commancerai auques tost a amer? »

CLXII

La dame respondi : « Biax filz, soiés certains
« Aussi com de la mort, que vous amerés ains
2830 « Que mes cuers ne vouroit, dont vous serés moult plains :
« Quant vous amerés plus et elle amera mains,
« Et pour la grant ardeur la ou vous serés empains;
« Et si la vous toudra .j. vieus boçus vilains   (v°)

2816. verrés, *corr.* venrai?— 2824. doy je l.— 2831. ainmera.—
2832. Et, *corr.* Tout ?

« Qui sera contrefais et de piés et de mains,
2835 « Dont vostre cuer sera briement tristres et vains,
« Car en amour serés de tel courroie sains
« Que ja de bien amer ne sera vos cuers fains,
« Car par vertu d'amour n'avrés ne sois ne fains,
« Mais d'une amour ardant sera vos cuers atains
2840 « Pour les fais amoureus dont vous serés destrains,
« Par le plaissir d'amour dont vous serés atains ;
« Car pour l'amour de lui ert si vos cuers destrains
« C'onques cuers en amant n'ot tant ne cris ne plains.

CLXIII

— Dame, » respondi Bruns, « quant congié avés pris
2845 « Je vous ai en couvant et de ma foy plevis
« Qu'après vous m'en irai avant qu'il soit mardis. »
La fée respondi : « Non ferés, mes dous fils,
« Mais demourés encore avecques vos amis,
« Et n'amés pas si tost, si avrés bon avis,
2850 « Tant que soiés plus grans et plus amanevis,
« Et que vous soiés plus montés en plus haut pris. »
Et quant Bruns l'entendi, si li fist .j. dous ris,
Puis li a ses .ij. bras au col laciés et mis,
Et li dit : « Chiére mére, or per je a tous dis
2855 « La mére dont je fui si doucement nouris? »
Quant la dame l'oy, si enbroncha son vis
Et pleura des dous iex en son viaire asis,
Car pour l'amour l'enfant fu touz ses cuers espris
Ausi bien que s'il fust ses espoussés maris.

CLXIV

2860 Tout ainsi que la dame ot parlé a l'enfant, (f° 60)
Et qu'elle prist a lui congiet tout en pleurant,

2859. *Rubrique :* Coment la fée qui ot nourri Brun de la Montain-
gne se parti de Butor, et ne sorent qu'elle devint.

Butor de la Montaingne i est venus errant,
Et li a demandé qu'elle aloit demandant,
Et se Bruns li avoit riens fait ne tant ne quant
2865 Qui si trés fort pleuroit et aloit demantant.
Quant la dame le vit, si li dit maintenant :
« Sire Butor, nenil, mais il me fait mal grant *(v°)*
« Quant il me faut laissier ce que j'amoie tant.
— Dame, » ce dit Butor, « et qu'alés vous pensant ?
2870 « Quant vous nous avez fait service si plaissant
« Et si n'avés eü riens en tout vo vivant,
« Je croy que pour ce fait vous alés demenant. »
Si tost que Butor ot dit le mot en pensant
La dame s'en ala tout esvanouïssant.

CLXV

2875 Quant Bruns de la Montaigne ot sa mére perdue,
Et que ralée en fu dont elle estoit venue,
Il ne sot que penser qu'elle estoit devenue :
D'ire et de mautalent tout li cors li tressue,
Si a dit a Butor : « Vous l'avés esmeüe,
2880 « Mais je fois sairement a Dieu qui fist la nue
« Que jamais ne girai en ceste tour cremue
« N'en ville c'unne nuit, se n'est en l'erbe drue,
« Jusqu'a tant que j'avrai la nouvelle seüe
« Se ma mére puet estre en la forest ramue,
2885 « Ou en aucun lieu misse ou puet estre enbatue.
« Qui ci estoit errant, or l'ai si tost perdue !
« Hélas ! qui la me puet si tost avoir perdue ? »

CLXVI

Et quant Butor vit Brun qu'ainsi se demenoit
Si fu moult tourmentés du veu que fait avoit,
2890 Car il pensa moult bien ce qu'avenir devoit :

2868. me, *ms.* ne.— 2871. riens eü en.— 2887. perdue, *corr.* tolue ?

Que Brun de la Montaigne assés tost perderoit,
Et que de son chastel briesment se partiroit
Pour ce que par son fait perdu sa mére avoit,
Si qu'il s'en failloit pou que hors du sans n'estoit *(f° 61)*
2895 Pour ce qu'il savoit bien que plus n'en gouïroit.
Si a dit a son filz : « Biaus filz, ne vous anoit,
« Sachiés que celle qui vostre corps nourrissoit
« Fors que de vous nourrir ceans riens ne servoit,
« Mais trés parfaitement je croy bien vous amoit ;
2900 « Et se pour seue amour vostre cors me laissoit
« Mes cors jamais veoir, certes, ne vous vouroit.
— Péres, s'il n'est ainsi, je pri Dieu qu'il m'otroit
« Ennuit, en ceste nuit que mes corps pendus soit! »

CLXVII

— Biax [filz], » ce dit Butor, « par la vierge Marie,
2905 « Or ne sai je de cui avoir la compaignie !
« Puis que vous en irés, je perderai la vie,
« Et si sera vo mére auques toute esragie
« Quant de par moy sera ceste nouvelle ouïe.
— Sire, » respondi Bruns, « or ne vos annoit mie,
2910 « Car couvent vous tenrai, je le jure et afie. »
Ainsi s'en vont parlant en la sale votie.
Quant la dame vit Brun, si en fu esjoïe,
Car il avoit en lui honneur et courtoissie,
Mais ains qu'il fust la nuis en fu elle courcie,
2915 Car Bruns de la Montaingne ert en melencolie
Pour quoy sa mére estoit de lui esmanevie ;
Si le vouloit savoir ainz qu'il fust nuis serie.
Et quand la dame vit la couleur Brun changie,
Si li a dit : « Biax filz, or ne me mantez mie,
2920 « Dont vient ceste couleur qui vous est ci faillie?
— Dame, » respondi Bruns, « elle m'est amatie *(v°)*

2894. *Corr.* n'issoit? — 2915. ert, *ms.* ot.

« Pour ce que j'ai perdu la plus lealle amie
« Qui fust onques veüe en nul jour de sa vie,
« La meilleure, la plus belle et la miex enseignie :
2925 « C'est ma mére de lait qui ne me heoit mie,
« Si que pour ce fais je la chiére si marrie. »

CLXVIII

Quant la dame l'oy si en fu effr[e]ée
Car bien pensoit avoir de lui la desevrée.
Si li a dit : « Biax filz, s'il ne vous desagrée,
2930 « Je vous dirai pour quoy elle s'en est alée :
« Pour ce que vous l'avés rudement apellée ;
« Et si n'est pas par vous moult granment amendée,
« Car vous la deüssiés bien avoir maríée
« Pour ce qu'avec vous a conversé mainte année ;
2935 « Si est a vous norrir povrement recouvrée,
« Si que par cest point ci s'en est elle tormentée.
« Mais s'elle puet par vous ennuit estre trouvée,
« Je vous en pri pour Dieu que bien soit asenée.
— Dame, » respondi Bruns, « or ne soiés irée,
2940 « Car je sai bien comment la chose est demenée,
« Et si m'a tout par li la chose esté comtée :
« Elle m'a dit ainsi que j'ai tel destinée
« C'une dame sera de mon cuer bien amée,
« Et si sera s'amour fause et fainte aprouvée,
2945 « Ne ja de sa merci n'avrai poitevinée,
« Et si sera de moi mainte paine endurée. »
Quant la dame l'oy, si chaï jus paumée,
Car elle savoit bien qu'en la propre journée *(f° 62)*
Seroit l'amour de lui et d'elle desevrée.
2950 Et Brun de la Montaigne l'a errant relevée,
Et si l'a doucement baissiée et acolée.

CLXIX

Quant Bruns de la Montaigne ot veü le meschiés
Que sa mére sentoit pour lui, moult fu iriés :
Si pensa que c'estoit moult grant mortés pechiés ;
2955 Si a dit a Butor : « Sire, or me conseilliés,
« Car il faut tout errant que soie apareilliés;
« Et si vous pri pour Dieu c'un cheval me bailliés
« Qui soit bien ensellés et trés bien aaissiés,
« Car avant m'en iray que jors soit anuitiés.
2960 « Or veille Diex que bien puisse estre herbergiés.
« — Biax filz, » ce dit Butor, « tu es mal enseigniés,
« Car jamais ne serai jor de ma vie liés ;
« Je vouroie estre mors ou du tout mehaingniés
« Quant tu es pour si pou ainsi a moy courciés. »
2965 Et Bruns li respondi : « Sire, pour voir sachiés
« Que je perderai trop se plus me detriiés,
« Car li temps est venus que doi estre avanciés,
« Si que par vous ne puet mes cuers estre changiés. »

CLXX

Quant Butor a veü que Bruns el n'en fera,
2970 Pour pére ne pour mére il ne s'arestera,
La dame a apellée, a .j. lés l'enmena,
Et li dit bellement : « M'amie, il convenra
« Que Brun de la Montaigne ait, quant il s'en ira,
« .III. des meilleurs chevaus que ceans trouvera ;
2975 « Car sachiés pour certain qu'au jour d'ui istera *(v°)*
« Du chastel de ceans, et ne retournera
« Si avra achevé tout le veu que fait a. »
Quant la dame l'oy, de rechief se pauma ;
Butor de la Montaingne adonc l'en releva.

2979. adonques.

2980 Quant relevée fu Butor li demanda
Qu'elle donra son filz si tost qu'il s'en ira,
Car ains que vespre soit du chastel istera.
Et la dame voit bien qu'autre chose n'i a ;
Si a dit a Butor : « Sire, il enportera
2985 « L'anelet de fin or c'ou bois on li donna
« Car en aucune part valoir bien li pourra. »

CLXXI.

Et quant Butor vit ce, son fil a apellé,
Si dit : « Bruns venés ça, biax filz, par amisté :
« Je vous ai doucement nourri et alevé ;
2990 « Vous en voulés aler en estrange regné.
« Il vous semble que vous avés trop demouré.
« Je ne sai qui vous a de ce fait entesté,
« Mais faire vous convient a vostre voulenté,
« Ainsi qu'il m'est avis, et lessier tout mon gré.
2995 « Mais puisqu'il est ainsi, nous avons devissé
« Qu'avec vous enmenrés vo cheval pommelé
« Et mes .iij. grans destriers que je ai tant gardé ;
« Quant li uns vous faudra l'autre arés au costé ;
« Et tout .iiij. seront hautement ensellé. »
3000 Et Bruns les regarda, si a .j. pou pensé,
Et quant il ot pensé, si a en haut parlé,
Et dit : « Sire, voulés que die verité ?   *(f° 63)*
« C'un seul cheval n'avrai, par ma crestïenté ;
« Si vous pri que ce soit tout le plus abrivé.
3005 — Et vous en avrés .j. » dit Butor « esprouvé,
« De quoy g'eüsse eü, n'a pas granment passé,
« Une foys cent pesans de fin or monnoié :
« Plus tost va c'uns carriaus c'on a bien enpené ;
« Et celui avrés vous : on l'a tout apresté ;
3010 « Et si avrés deniers ausi a grant plenté.

2984. il l'e. — 2997. gardés. — 3007. *Corr.* son pesant?

« Mais je vous pri, pour Dieu qui ot son corps pené,
« Que vous resoiés ci dedans la Trinité.

CLXXII

— Sire, » ce li dit Bruns, « de ce pas ne me tient :
« S'on set bien ou on va, on ne set quant on vient ;
3015 « Mais soiés tout certains que quant il me souvient
« De ce qu'ai en pensé, mes cuidiers vient a nient,
« Car je sui plus pensis qu'a moy il n'apartient,
« Car j'ai dedens mon cuer chose qui me soustient :
« C'est pensée amoureuse, et ne sai dont ce vient,
3020 « Ne je ne sai comment nulz cuers d'amer s'atient
« Qu'il ne fait en amant tout ce qu'il apartient.

CLXXIII

— Biax filz, » ce dit Butor, « vous avés vo pensé
« D'aler aventurer en estrange contrée.
« Quel part ert vos chemins et vo voie tournée ?
3025 — Sire, » respondi Bruns, « ma voie ert ordenée
« Ainsi que l'aventure ert de moy encontrée ;
« Mais ge chevaucherai par la forest ramée
« Tant que de moy sera aventure trouvée ;
« Car je devieng amans, si veil trouver amée,   (v°)
3030 « Car puis que l'aventure est a moy destinée
« Jamais ne cesseray si sera achevée.
« Sachiez si mouverai en iceste jornée ;
« Or faites que ma chose soit errant aprestée
« Si que ma voie soit errant acheminée.
3035 « Mais ma dame sera ains de moy acolée,
« Si qu'il li souvendra a toudis de m'alée. »
Quant la dame l'oy, s'est cheüe paumée,
Et Bruns de la Montaigne errant l'a relevée,
Et ses péres ausi, a cui moult bien agrée ;

3040 Mais chascuns fu iriés de celle desevrée :
Li uns de l'engendrer, l'autre pour la portée.

CLXXIV

Ainsi que Bruns prenoit congiet moult longuement,
On li aparelloit son hernois vistement.
Sa mére a acolé fort et estroitement ;
3045 Quatre foys le baissa en son vis doucement.
Onques ne vit nuls hons si grief departement
De frére ne de suer, de cousin, de parent ;
Nuls de ceulz n'apartient a cestui nulement,
Car il sembloit des trois trestout vissiblement
3050 Que chascuns d'eus mourust errant soudainnement ;
Car il n'en i ot nul, tretout certainement,
Qui ne cheïst troys foys devant l'autre en present.
Il sembloit que chascuns fust transis vraiement, (f°64)
Mais Bruns se releva tretout premiérement,
3055 Congiet prist a son pére, a sa mére ensement,
Et si les comanda a Dieu omnipotent.
Mais on li delivra assés or et argent,
Et li amena on le cheval bonement
Qui estoit ensellés d'une selle d'argent
3060 A .iiij. bandes [d'or] ouvré moult richement.
Ou cheval est montez tost et isnelement,
Et si estoit armés bien et faitiscement.
Et quant il fu montés sur le cheval s'estent ;
Ses péres le regarde et sa mére ensement,
3065 Chascuns tel joie en a que li cuers l'en desment.

CLXXV

Quant Bruns li damoissiaus fu montés ou destrier (v°)

3047. parant. — 3051. ne ni ot. — 3052. presant. — 3053. tren-
cis. — 3060. ouvrées. — 3065. *Rubrique* : Coment Brun de la

Ou pére et en la mére il n'ot qu'esl[e]essier ;
Mais ses péres Butor le vouloit convoier.
Congiet prist a sa mére, il ne vot plus plaidier,
3070 Et puis si a hurté des esperons le courcier :
A troys saus li fist faire .j. trait d'arbalestier.
Or s'en va chevauchant tout parmi .j. sentier;
Si n'avoit avec li garçon ni escuier.
Qui le veïst aler et son cheval brochier,
3075 Chascuns deïst : «Veela, je croy, .j. berruier! *(f°65)*
« Il chevauche plus fort que ne font soudoier
« Si tost c'om crie a l'arme! et on doit chaploier. »
Ainsi s'en aloit Bruns a guisse d'aversier.
Or commança moult fort le bois a aprochier.
3080 Quant il vint a l'entrée, ens s'ala embuchier.

Hu[i]mais orrés chançon qui moult fait a prissier,
Et qui de bien en miex commance a enforcier,
Ainsi com en après vous m'or[r]és prononcier,
Coment il trova puis maint mortel enconbrier,
3085 Comment [li] roys Artus fist le Brun chevalier.

CLXXVI

Quant Bruns de la Montaingne entra en Bersillant,
Parmi le bois ala toute jour chevauchant ;
S'entra en .j. chemin moult merveilleus et grant ;
Quant il i fu entrés n'ala gaires avant
3090 Que li chemins ferrés li ala tost faillant,
Et quant le vit faillir, il s'ala esmaiant,
Mais il vit une sante assés près d'un pendant
Qui l'enmena ou bois parfont et si avant
Qu'il li sembloit adès qu'il aloit avalant.

Montaigne se parti de son pére et de sa mére et s'en ala après
sa nourice.
3083. Ainsi si en. — 3085. *Corr.* de B.? — 3088. m. merveilleus-
sement g. — 3089. Q. il li fu.

3095 Ainsi ala toudis que l'iave ouï bruiant
Ou la fontaigne estoit ou on le mist enfant,
Quant ses péres le fist porter en Bersillant;
Celle part en ala le cheval esperonnant.
Quant il fu assés près, si ala regardant
3100 Par desus la fontaingne un arbre verdoiant,
Et desous l'arbre avoit une dame seant
Noble gente et golie et belle et avenant,   *(vo)*
Et quant Bruns la choissi, li sans li va muant,
Mais il ne savoit pas qu'elle aloit at[end]ant;
3105 Pour lui meïsmes estoit qu'elle desiroit tant.
Quant Brun la vit de près bien l'ala avissant.

CLXXVII

Et quant Bruns la connut, errant est descendus,
Desous l'arbre s'en vint qui fu grans et ramus.
Quant la dame le vit bien en fu conneüs,
3110 Et li a dit : « Biax filz, bien soiés vous venus.
« Et pourquoy n'estes vous plus grant pieça venus ?
« Sachiez que vous avés moult esté atendus.
— Mére, » ce li dit Bruns, « j'ai trop esté tenus
« De mon pére Butor qui moult est esmeüs,
3115 « Et de ma mére ausi qui est paumée jus,
« Si qu'a grant paine sui de la Montaigne issus.
« Mais j'en sui eschapés, loués en soit Jhesus
« Par qui li mondes est en joie soustenus !
« Or sui ci adreciés par ses saintes vertus;
3120 « Si sui liés et joians, onques mès ne fui plus,
« Car quant je vous perdi, je fui plus esperdus
« Que ne soit .j. murdriers qui doit estre pendus. »

3115. Et de mare a. — 3122. *Rubrique* : Coment Brun de la Mon-
taigne et la fée qui le norri sont ensemble ou bois de Bersillant
sus une fontaigne ou elle li monstre comment il se doit main-
tenir.

CLXXVIII

La dame dit a Brun : « Filz, vés ci la fontaine, *(f°66)*
« Ou on te destina avoir douleur et paine,
3125 « Qui te sera encor merveilleuse et grevaine.
« Si soies passïens et n'aies cuer ne vaine
« Qui ne tende a honneur sans pensée vilaine,
« Car s'autrement le fais, jour n'ert en la semainne
« Que n'aies pis assés que s'on t'envoie en Saine.
3130 — Mére, » ce li dit Bruns, « par le vin de la saine,
« Je n'avrai jamais jor, cuer ne pensée vaine,
« Foy que je doy a Dieu et a la Madelaine,   *(v°)*
« Mais, amerai ainsi que Paris fist Helaine,
« Celle ou j'avrai mon cuer, de ce soiés certaine.
3135 « Se Mercis est de moy aucune fois lontaigne,
« Quant a Amour plaira elle en sera prochaine. »

CLXXIX

Tout ainssi disoit Bruns a sa mére en rïant
Desous le chasteingnie[r] ou bois de Bersillant.
Quant la dame l'ooit s'en avoit cuer joiant.
3140 Et li dissoit ainsi touz jours en chastoiant
Que nul des fais d'amours n'alast point desolant,
Mais eüst cuer loial fermement en amant,
Et s'aucuns l'asailloit, bien s'allast desfandant,
Toudis l'onneur d'amour et les dames gardant,
3145 Et le droit son seigneur loiaument desregnant.
Ainsi le chastïoit sous l'arbre verdoiant ;
- Et Bruns de la Montaigne en avoit joie grant,
Les fais de courtoissie aloit bien detenant,
Si qu'il en ot mestier asés briement atant,

3124. d. a avoir. — 3137. rïent. — 3144. les, *corr.* des? — 3149.
b. et atant.

3150 C'onques plus grant mestier n'en ot nus cuers d'amant,
Ainsi com je le truis ci après en lissant.

CLXXX

Ainsi que Bruns estoit desous l'arbre fueilli,
Et s'i estoit la fée avec qui l'ot nourri,
Qui bien le conseilla et l'entroduisi sy
3155 Qu'il fu loiaus amans, mais onques n'eut merci
De sa premiére amour; or en eut puissedi
Une qui bien l'ama et de cui il jouï
Trés amoureussement a loy de vray ami,
Car il ot de s'amour parfaitement l'otri,   *(fᵒ 67)*
3160 Et il com vrais amis loiaument la servi.
  « Biaus filz, » ce dist la dame, « or entendés a mi :
  « Il vous en faut partir assés briesment de ci,
  « Mais toute vois, de cuer trés humblement vous pri
  « Qu'il vous souviene adès de ce que je vous di.
3165 — Dame, » respondi Bruns, « je vous jure et afi
  « Que si fera il bien, et je le vous plevis.

CLXXXI

  — Biaus filz, » ce dist la dame, « il faut que vous montés :
  « Il y avra .x. ans acomplis et passés,
  « Sans plus que .iiij. foys ains que mais me veés.
3170 — Dame, » respondi Brun, « tant sui ge plus yrés,
  « Car en mes griés doulours pou me conforterés.
  — Biaus filz, » ce dit la dame, « or ne vous en doutés,
  « Car vous serés par moy moult souvent vissités,
  « Et serai en tel lieu que pas ne m'i savrés.
3175 « Avés vous point l'anel qui ci vous fut donnés ?
  — Ouïl, dame, » dit il, « en mon doit l'ai boutés.
  — Metés ça, » dit la dame, « et si le me rendés.
  « Il vous sera changiés ainz que vous en alés,

3164. souvaine. — 3176. *Corr.* est b.?

« Car un vous en donrai qui est si trés faés
3180 « C'onques anniaus ne fu si trés bons eürés,
     « Et si vous aidera quant a faire en avrés ;
     « Car se vous estes trop de dame enamourés
     « Il estaindra l'amour quant le regarderés,
     « Et si vous aidera a porter vos griestés.
3185 « A parfaire l'annel ai eü paine assés,
     « Mais je l'ai fait pour vous, si m'en sachiés bon[s] grés. (v°)
     « Biau filz, tenez l'anel, en vo doyt le metés,
     « Et puis montés errant et si vous en alés.

CLXXXII

—Dame, » ce li dit Bruns, « a vo commandement,
3190 « Je prend[e]rai l'anel par .j. [i]tel couvent
     « Que dès ore en avant mes cuers a vous se rent. »
     Sa mére l'acola, et il li doucement,
     Et puis si le baissa .ij. fois, voire bien cent.
     Donc puis si est montés sur la selle d'argent;
3195 Il demanda sa lance et la dame li tent ;
     Son hïaume a saisi qui a son arçon pent,
     Si le mist en son chief tost et isnellement,
     Et puis si l'i laça moult gracïeussement.
     Si tost qu'il fu armés sur le cheval s'estent,
3200 Et puis s'est retournés moult amoureussement
     Au lés devers la dame, et puis dont congié prent.
     Il a point le cheval canqu'esperons destent,
     Et li chevaus l'enporte assés plus radement
     Que nus oissiaus ne puet voler avec le vent.
3205 Mais il n'ot pas alé de terre plain arpent
     Quant il a encontré .j. mesagier moult gent
     Qui aloit chevauchant par le bois gaiement.

3185. paines. — 3207. *Rubrique :* Comment Brun de la Montai-
gne se parti de sa mére qui l'avoit nourri, et comment il en-
contra .j. mesagier qui li comta des nouvelles de la court le roy
Artu.

CLXXXIII

Quant Bruns de la Montaigne a veü le vassal *(f° 68)*
Qui tenoit en sa main .j. baston de coral
3210 Et qui estoit montés sur .j. morel cheval,
Il li a dit : « Amis, preus te voy et loial ;
« Vraiement je ne sai homme a toy parigal :
« Or me di se tu es en service roial?
« Au mains sui je certains que as bon gouvernal,
3215 « Car tu es bien montés sur un noble portral   *(v°)*
« Pour tost monter .j. mont et avaler .j. val.
« Il n'est mie tailliés a faire .j. soupiral :
« Cointement est parés de soie et de sendal.
« Je croy que tu ne sers pas a official,
3220 « Car tailliés n'i est pas par rieulle general.

CLXXXIV

— Sire, » dit li varlès, « or soiés tous certains
« Que je sui mesagiers a tout le plus hautains
« Dont hauberc fust vestus onques ne fauchons sains.
« Sachiez [mes] mestres est desur tous souverains,
3225 « Car il n'i a ne Grieu ne Lutis ne Caldains,
« Qui n'i facent hommage et de piés et de mains.
— Or me di qui il est, je t'em pri, dous compains,
« Puis qu'il est si poyssans que nus n'i est atains ;
« Et je t'ai en couvent, s'il est tex, que mes frains
3230 « Ert celle part tornés ainz qu'il veigne demains.
— Amis, » dist li varlés, « je croy c'onques villains,
« Par Dieu, ne t'engendra ; en ce cheval espains
« Tu i es miex seans que ne soit en vin pai[n]s,
« Et croy qu'en un bon fait ne seroies pas vains.
3235 « Et pour ce que tu es de vilainnie sains,
« Errant le te dirai, foy que doy tous les sains.

CLXXXV

« Sire, » dit li varlès, « je sui au roy Artu
« Qui est roy des faés, et s'a tant de vertu
« Que tuit bien sont en lui plainement contenu.
3240 « Alez vous ent a li : tout i sont retenu
« Qui sévent bouhorder [ou] de lance ou d'escu.
« Quiconques soit a lui il l'a tost pourveü, *(f° 69)*
« Si que je croy que vous avez molt atendu.
« Or n'ait de vo cheval jamais regne tenu
3245 « Si l'aiés plainement en sa court enbatu.
« Je m'en vois, vous m'avés molt longuement tenu.
— Or me di, » ce dit Bruns, « amis, quel part vas tu
« Qui es si bien montés sur l'auferrant crenu?
— Sire, » dit li varlès, « bien vous ai entendu,
3250 « Ja vous sera compté et tout par moy seü.

CLXXXVI

« Sire, » dit li varlès, « c'est verité prouvée
« Que la cousine Artu, c'on dit Morgue la fée,
« Qui d'Ogier le Danois fu moult lonc temps privée,
« Si a nouvellement une feste criée
3255 « Qui sera an nouvel le premier c'om abée,
« Et je le vois noncier tout parmi la contrée,
« A la fin que la feste en soit plus honnorée,
« Car il i doit avoir la plus noble assemblée
« Qui onques d'omme fust veüe n'esgardée;
3260 « Car planté i avra dames de renommée,
« Et chevaliers ausi dont la feste ert pueplée.
« Et si n'i a de ci pas plus d'une journée,
« C'om n'i fust l'andemain avant nonne sonné[e]. »
Et quant Brun l'entendi, s'a grant joïe menée,

3261. ert, *ms.* est.

3265 Et puis li demanda : « Si ne vous desagrée,
    « Amis, comment sera la voie demandée?
    « Car ma regne sera de ci abandonnée. »
    Et li varlès li dit : « C'est a la Tor ferrée.
    « Vous ne povés marrir parmi ceste valée,   *(vº)*
3270 « Car je en parti hier a grande matinée.
    « Vous i venrés demain ainz qu'il soit l'ajornée. »

CLXXXVII

    Dist Brun de la Montaigne : « Amis, .vᶜ. mercis ;
    « Par vo conseil sera par ci mes chemins pris,
    « Mais vous avrés de moi cent s. de parisis ;
3275 « Si vous en sovenra, frans messagiers gentis. »
    Bruns li sacha l'argent, li messagiers l'a pris,
    Et li dit : « Damoissiaus gracïeus et faitis,
    « Grant mercis de vo don, car il n'est pas petis.
    « Bien m'en savrai loer quant vendrai au païs
3280 « De faire mon mesage, et serai ravertis. »
    Et Brun li respondi : « Or a Dieu, mes amis. »
    Li mesages s'en va, atant s'en est partis ;
    Bruns a point le cheval des esperons masis
    Qui l'enporte plus tost que ne vole perdris,
3285 Et a tant chevauchiet par plains et par larris
    Que hors de la forest de Bersillant fu mis.
    S'a veü .j. chastel qui fu de marbre bis,
    Par dehors la forest sur une roche asis.
    Il a choisi les murs et le palais votis.
3290 Quant il vit le chastel, s'en fu molt esjouïs ;
    Celle part est alés desus son cheval gris.
    Quant il vint assés près il s'est jus a pié mis,
    Et si s'est repossés a .ij. buissons floris.
    Desus .j. biau prael sur l'erbe s'est asis ;
3295 Il osta son hïaume, desous son chief l'a mis,
    Si se coucha desus et puis s'est endormis.   *(fº 70)*

3285. larrins. — 3290. esjoins.

8

CLXXXVIII

Droit ens ou point que Bruns as buissons se dormoit
Le frain de son cheval dedans son bras avoit,
Et quant il ot dormi .j. petit la endroit,
3300 Tout droit en son dormant en avis li estoit
Qu'a .iiij. chevaliers droit la se combatoit,
Et quant moult malement navré ou corps estoit
Ses chevaus fiert du pié, en ce point l'esveilloit,
Et quant il sailli sus tout estordis estoit,
3305 Son hïaume a saissi sur quoy il se gissoit,
Mais ains qu'il l'eüst mis, jus il regarde, et voit
Au dehors du chastel .j. home qui tenoit
.I. escu d'or bandé de quoy il se couvroit,
Et sur .j. grant coursier encontre Brun venoit ;
3310 S'avoit la lance ou poing que moult bel paumoioit.
Quant Brun le vit venir, si se leva tout droit,
Son hïaume laça bien fort et bien estroit.

CLXXXIX

Quant Brun de la Montaigne ot le pié en l'estrier, *(vº)*
Il monta sus la selle a loy d'un escuier ;
3315 Et quant il fu montés, il se va afichier :
Il a levé sa lance et pris a paumoier,
Et s'a point le cheval des esperons d'acier.
Quant il fu perceüs du noble chevalier,
Le chevalier en haut commança a criier :
3320 « Escuier, il vous faut moy rendre ce destrier. »
Et quant Brun l'entendi, vis cuida essagier : *(fº 71)*

3304. sus, ms. sut. — 3212. *Rubrique :* Comment Brun de la Mon-
taingne jouste a .ij. chevaliers, et en abati l'un mort du cheval a
terre et l'autre se rendi a lui.

Il a point le cheval sans la regne sachier,
Et a brandi la lance au fer fourbi d'acier,
Et quant il vindrent près as lances abaissier,
3325 Li Bruns de la Montaigne ou il n'ot qu'enseignier
Va ferir le vassal et si grant coup paier
Qu'il li perça par mi son escu de cartier,
Et si li desmailla le bon hauberc doublier,
Et par dedans le corps li fist le fer baignier,
3330 Et si li fist l'arçon de la selle vuidie[r],
Si que mort l'abati gissant en mi l'erbier.
Et puis dit : « Ce n'est pas estat a chevalier
« De tolir le cheval a .j. povre escuier. »

CXC

· Quant li chevaliers fu a terre mort gissans,
3335 Bruns en fu moult iriés et a son cuer dolans.
Estraiés en ala tantost li auferrans,
Et au chastel s'en vint molt grant frainte menans ;
Et Bruns de la Montaigne adès estoit suivans
Qui moult hastivement fu le cheval hastans.
3340 Quant a la porte vint, s'a veü .iij. serjans,
Qui estoient monté sur .iij. chevaus courans ;
Quant li uns des .iij. fu le cheval percevans,
Qui tout droit au chastel s'en estoit acourans,
Au devant est venus comme foudre volans.
3345 Et quant Bruns l'a veü, s'en fu se[s] cuers joians,
Car il voura savoir s'il est auques poissans.
Quant il a veü Brun, si li fu escrians :
« Vraiement, escuiers, plus ne serés fuians :   (v°)
« Le cors et le cheval serés briesment perdans,
3350 « Car li fers de ma lance en vo cors ert baignans. »
Et quant Bruns l'entendi, l'escu fu enbraçans :

3326. Va, ms. Ala. — 3335. dolant. — 3337. menant. — 3350. ert
baignans, ms. baignera.

Il a point le cheval des esperons tranchans,
Et la lance a brandie dont li fers fu tranchans.
Quant cilz le vit venir pas ne fu refussans,
3355 Mais a loy de guerrier le fu bien encontrans ;
Et li chevaus que Bruns estoit la chevauchans
Fu de l'autre plus fort d'assés et plus pesans :
Chevalier et cheval mist jus e[n] mi les chans.
Tant et si longuement fu a terre gissans
3360 C'om fust bien revenu de .ij. liues moult grans.

CXCI

Quant li chevaliers fu de pamoisons levés,
Il regarda que Bruns fu encore montés
Qui devant lui estoit sur sa lance afustés :
Si a dit : « Escuiers, preus estes et senés,
3365 « Je croy c'onques nus hom ne fu miex doctrinés :
« Puis c'uns hons est a pié touchier ne le voulez;
« Par ma foy il vous vient de grande[s] honnestés. »
Et Bruns li respondi : « Chevaliers honnorés,
« Dites moy par amour que vous me demandés?
3370 « Qui vient a ce chastel est li usages tés
« Qu'il convient que de vous soit errant desrobés? »
Respont li chevaliers : « Nenil, en verités :
« Nous gardons le chastel et les grans fremetés,
« Par quoy nulz hom ne puet estre dedens entrés
3375 « Qui ne soit par nous .iiij. occis ou afolés. *(f° 72)*
« Mais il en y a .j. qui par vous est tués,
« Si que jamais par lui n'ert nus hom encontrés.
« S'il vous plaist en son lieu avec nous remandrés.
—Sire,» respondi Bruns, « pour Dieu, or m'escoutés:
3380 « Qui est de ce chastel li drois sires nommés?
« Et si vous respondrai quant serai avissés. »

3356. chavaus. — 3357. pesant. — 3368. nenil, on attendrait plutôt ouil. — 3377. ert, ms. est.

CXCII

Dist Bruns de la Montaigne errant au chevalier :
« Sire, je vous em pri que me veilliés noncier
« A qui est cilz chastiaus qui siet sur ce rochier? »
3385 Li chevaliers respont : « De loial cuer entier
« Le vous dirai briesment sans vous point mançongier,
« Et cui li païs est [tre]tout a justicier.
« Il est a une dame ou il n'a qu'ensaingnier,
« Et sont avecques li bien .iiij. mil archier,
3390 « Par quoy, s'il le couvient a aucun guerrïer,
« Que contre li pourroit tout son droit [chalengier].
« A plus belle de lui fauroie a souhaidier,
« Mais il n'est hom qui puist a s'amour acointier.
« Or n'est pas mai[n]tenant en son chastel plenier,
3395 « Car elle s'en parti vraiement devant hier,
« Et s'est a une feste alée esbanoier
« Qui doit estre au Noël vers le Chastel d'acier,
« Droit a la Tour ferrée, ens ou mestre planchier,
« La la tendra .j. mois Morgue l'amie Ogier,
3400 « Si que ma dame i est alée festoier. »
Quant Bruns l'ot escouté, .j. pou prist a songier,
Et puis dist : « Chevaliers, veilliés moi enseignier (vº)
« Le chemin a la Tour ferrée sans targier,
« Par fines amistiés je vous en veil prier. »
3405 Respont li chevaliers doucement, sans noissier :
« Se je suis remontés sus mon courant coursier,
« Sire, je vous menrai desiques au sentier,
« Et si vous voeil tout droit au chemin adrecier. »

CXCIII

Quant li chevaliers fu montés sur l'auferrant,

3387. cui, *ms.* qui.

3410 Brun et il au chastel s'en alérent errant,
S'ont veü les vassaus qui les vont atandant
Qui gardent le chastel et la porte au devant.
Quant Brun virent venir, moult le vont esgardant,
Et li chevaliers dit as autres .ij. errant :
3415 « Seigneurs, cilz escuiers m'a rendu recreant,
« Mais il a l'autre occis dont j'ai le cuer dolant;
« Mais il en vaut miex perdre .j. que le remenant,
« Car si plus y joustons il en sera autant.
« A ce que de lui voi il est bien aparant
3420 « S'il estoit chevaliers il n'avroit plus poissant
« Ou remenant du monde, ainsi que vois pensant.
« Or s'en va a la feste ainsi qu'il va dissant;
« Si l'en laissons aler du tout a son commant,
« Car il li est avis qu'il va trop demourant ;
3425 « Et je le meterai ens ou chemin plus grant,
« Et jusques au sentier je l'irai convoiant.
« Dont si m'en revandrai avec vous maintenant. »

CXCIV

Li courtois chevaliers àvec Brun s'en ala
Et jusques au sentier errant le convoia,   *(f° 73)*
3430 Et Brun avecques lui doucement chevaucha,
Par dehors le chastel au chemin l'enmena.
Quant il l'i ot mené le chemin regarda,
Et li dit : « Escuiers, vostre cors s'en ira
« Tout droit a celle tour haute que veés la.
3435 « Entrés en ceste sante, elle vous i menra;
« Jusqu'au Chastel d'acier pour voir ne vous faudra,
« Et la ferrée Tour si n'est c'un pou de la;
« Asés tost i venrés, mais vous trouverés ja
« Le chevalier hydeüs qui se combatera
3440 « A vous crueussement et ne vous doutera ;
« Et si soiés certains c'onques nus n'eschapa
« Qu'il ne muire du cop si tost qu'il le ferra.
« Et si soiés certains qu'il vous escriera,

« Mais s'il vous vient premiers vostre cors finera. »
3445 Ce li respondi Bruns : « Je ne sai qu'il fera,
« Mais, se je puis, premiers tel cop de moy avra,
« Se ma lance ne ront, que la vie perdra. »
Quant li chevaliers l'ot au cuer grant joie en a,
Et dit que d'avec Brun mais ne se partira,
3450 Jusqu'a dont que des .ij. la fin veüe ara.
Ainsi avecques Brun longuement chevaucha
Tant que le chevalier hydeus bien aprocha.

CXCV

Quant li chevaliers vit le chevalier hydeus, -
A Brun de la Mon[tai]gne a dit : « Or soiés preus,
3455 « Car ja moult tost ferrés chascuns des cops mortieus.
« Je voi le chevalier qui est fiers et crueus :
« Mais ne m'en partirai si ert l'un de vous deus
« Rendus ou mors ou pris, par le Roy glorïeus. »
Et quant Bruns l'entendi, si en fu moult joieus,
3460 Et d'avoir le debat estoit moult desireus.   (f° 74)
Li chevaliers li dit : « Escuiers gracïeus,
« Cilz chevaliers est bien tous li plus orguilleus
« Qui onques saint espée, et li plus despiteus.
« Se vous n'estes vers lui hardis et courageus,
3465 « Et vous fussiés monté jusques a .xxxij.
« Si vous occiroit il, tant est il perilleus. »

CXCVI

Quant Brun de la Montaigne ouï le chevalier
Qui de l'autre s'ooit ensement menacier,
Pour asembler a lui a point si le destrier
3470 Qu'il sembloit proprement qu'il le deüst percier
Tout outre les costés des esperons d'acier.

3452. *Rubrique :* Comment Brun de la Montaigne se combat en-
contre le chevalier hydeus, et li coupa l'un des bras et le vainqui.

Et quant li chevaliers le vit si aprochier,
Il a brochiet ausi son auferrant coursier,
Et puis li commança en haut a escrïer :
3475 « Escuiers, rendés vous sans point de delaier,
     « Ou vous vous verrés mort errant sans atargier.
     « Onques mais ne vous vint plus mortel encombrïer.»

CXCVII

     Quant Brun de la Montaigne ot oy le vassal,
     Il enbraça l'escu et s'a point le cheval,
3480 Et s'a brandi la lance au panon de cendal,
     Et s[i] ala encontre le hydeus desloial;
     Mais Bruns fu contremont et cil fu contreval,
     Si qu'au baissier la lance il l'ataint ou poitral,
     Si ert le cheval mort de la lance roial.
3485 Li chevaliers cheï, c'onques n'i ot portal;
     Et Bruns li escria par rielle general :
     « Biau sire chevaliers, vous avés parigal :   (v°)
     « Il vous venist trop miex que fussiés a l'ostal. »

CXCVIII

     Quant li chevaliers fu a la terre cheüs,
3490 Bruns de la Montaigne est du cheval descendus,
     Et dit au chevalier qu'il se relevast sus,
     Pour ce que ses chevaus estoit mors abatus.
     Il estoit si iriés c'onques hom ne fu plus.
     Adont ont embrachiet anbedeus les escus,
3495 Et puis si ont sachiet les brans d'acier moulus ;
     Grans cops se sont feru sur les hyaumes agus ;
     Li chevaliers hydeus si fu tous esperdus
     Quant il senti que Bruns marteloit sur lui plus
     Que févres de martel quant bien est esmoulus;
3500 Et tant qu'il li trencha l'un de ses bras tout jus.

3479. Il l'e. — 3494. enbedeus. — 3500. tous.

Et quant li chevaliers se sent ainsi ferus,
Il li dit : « Escuiers, a vous me sui rendus. »

CXCIX

En Brun de la Montaigne ot escuier trop fort :
Li hideus chevaliers y ot mauvès resort,
3505 Et le vint asaillir sans raison et a tort ;
Mais s'il n'eüst prié merci il l'eüst mort,
Et il perdi .j. bras et puis furent d'acort,
Si c'onques puis n'i ot ne tençon ne descort.

CC

Si que li chevaliers rendi a Brun s'espée,
3510 Pour .j. bras qu'il perdi fu la guerre finée,
Si c'om ot de lui pais par toute la contrée,
Car devant n'i povoit avoir nus hons durée ;
Et fu ses chevaus mort, dont il ot chiére irée.
Si s'en rala a piet, tout parmi la valée,   *(fº 75)*
3515 A un petit chastel qui seoit en la prée.
Et Bruns est remontés en la selle dorée.
Li autres chevaliers cui donna la colée
Li a dit : « Sire dous, veés la Tour ferrée.
« Tous seulz vous en irés, ma voie est retornée
3520 « Puisque de vous .ij. est la bataille finée.
« Vous venrés assez tost a la grant Tour quarrée,
« Et la trouverés vous mainte dame honnorée,
« Mainte jonne pucelle et mainte mariée.
« Ma dame i trouverrés, bien la plus belle née
3525 « Qui onques nul jour fu de nul homme engerrée.
« Il n'est nus, s'il le voit, qui n'ait en li muée,
« Par le plaissir d'amour, amoureusse pensée.
— Sire, » respondi Bruns, « s'il vous plaist et agrée,
« Que me dites pour Dieu comment elle est nommée ? »

3517. cui, *ms.* qui.

CCI

3530 Ce dit li chevaliers qui fu plains de savoir :
    « Frans damoissiax gentilz, et je vous dirai voir :
    « Cilz chastiaus a a non le Muable manoir ;
    « Elle en est droite dame, et si n'i a autre hoir ;
    « Elle est jente et jolie et s'a planté d'avoir. »
3535 Et quant Bruns l'entendi, li sans li va mouvoir,
    Si qu'a pou du cheval ne se lessa cheoir,
    Et pensoit a amer ce qui li fist doloir.
    La commança ses cuers en grant grieté manoir.

CCII

    Ainsi fu longuement, ainsi com vous orrés,
3540 Bruns au plaissir d'amour, et si enamourés
    Qu'il s'en est tous pensis droit a la tour alés.   *(v°)*
    Li chevaliers de lui fu a Dieu commandés.
    Il a tant chevauchiet et par bois et par prés
    Qu'a la tour est venus, plus n'i est demourés.
3545 La estoit mainte joie et maint deduis menés,
    Il ala chevauchant entour les fremetés ;
    Si ot des chevaliers a la tour [a]queutés,
    Qui regardent aval par devers les fossés,
    Si ont Brun regardé qui chevauchoit armés.
3550 Il en y ot un d'eus qui est jus avalés :
    A la porte est venus, si demanda les clés,
    Et on li a bailliet voulentiers et de grés.
    A la porte est venus voulentiers et de grés *(sic)*,
    Et quant Brun a choisi, celle part est alés,
3555 Et li dit : « Damoissiaus, bien soiés vous trouvés.
    « Dites moi par amour de quel lieu estes nés ? »
    Et Brun li respondi : « Assés tost le savrés :

3554. Bruns.

« Je sui .j. escuier, or sui desbaretés,

« Et si sui ou chastel de la Montaingne nés. »

3560 Dont dit li chevaliers : « Bien soiés vous trouvés :

« Il vous est bien venu s'aventurer voulés;

« Vous trouverés ceans des bons maistres assés. »

Et Bruns li respondi : « Diex en soit aourés

« Quant il li plait que je fui a telle eure nés

3565 « Que je serai ceans de maistre recouvrés. »

CCIII

Bruns qui ne pensoit pas a nul maistre servir

A dit au chevalier : « Dieu le vous puist merir,

« Car se je puis jamais a telle honneur venir *(f° 76)*

« Que soie chevaliers et je vous puis veïr,

3570 « A estre a vous aidans me vouray asentir. »

Li chevaliers a fait la grande porte ouvrir,

Bruns a fait le cheval les esperons sentir,

En la porte est entrés errant sans alantir :

Au descendre le vint mainte dame veïr.

CCIV

3575 Quant Brun de la Montaigne fu en la court entré,

Onques nus hons ne vit de lui plus bel armé.

Doy chevalier si l'ont maintenant desarmé,

Si tost que du cheval le virent desmonté :

Li uns li a l'espée osté de son costé,

3580 Et li autres li a ausi son hiaume osté,

Et puis si li a on le hauberc desdossé,

Et après li a on son cheval establé,

Si li aporta on de l'iave a grant plenté,

Et puis, quant il fu poins, si l'a on dessellé.

3585 Li chevalier ont pris Brun, si l'en ont mené

Sus en la mestre tour dedens la fremeté,

3566. nul, *ms.* ml't. — 3585. B. et si.

Ou des dames i ot a si trés grant planté
C'onques mais tant n'en vit en tretout son aé.
Quant Bruns les dames vit, si les a salué
3590 Bel et courtoissement, si c'om l'ot doctriné ;
Elles ont respondu par trés fine amisté.
De telles en i ot qui moult l'ont regardé,
Car il estoit parés de parfaite biauté ;
Si l'ont dedans leurs cuers doucement desiré.
3595 Quant les dames vit, [fu] en si trés grant pensé *(vo)*
Li quelle de ces la l'avoit enamouré.

CCV

Quant Brun de la Montaigne entrés fu en la tour,
Grant honneur li ont fait et dames et seignour ;
Morgue qui dame estoit du païs tout entour
3600 A Brun en est alée, et li dit par amour :
« Biau sire, je vous pri ou non du Creatour
« Que vous soiés ceans tout ce mois a sejour,
« Et que vous atendés, s'il vous plaist, jusqu'au jour
« Que no feste sera, car tout noble contour
3605 « Y seront en brief temps, de quoi Jhesu aour.

CCVI

— Dame, » respondi Brun, « de vostre courtoissie
« Trés amoureussement li miens cuers vous mercie,
« Du bien et de l'onneur et de la courtoissie
« Que j'ai ceans [eüe] en ceste compaignie,
3610 « Qui est belle et plaissant et gaie et envoissie.
« S'i pourroit on trouver amour, amant, amie,
« Et aprendre a manoir en l'amoureusse vie,
« Et estre sans orgueil, sans mal et sans envie.

3591. E. o. Brun r. — 3604. nos.

« Dame, g'i remanray jusqu'a feste faillie.
3615 — Sire, » respont la dame, « il ne m'anoie mie,
« Mais onques mais ne fui, soiés certains, si lie
« Puis l'eure que fui née, en nul jour de ma vie. »

CCVII

Brun remest en la tour avec la fée gent ;   *(f° 77)*
Il i fu près d'un moys tretout entiérement,
3620 Si jouoit aus eschès et aus tables souvent,
Et parloit bien d'amour mont gracïeussement.
Une dame i avoit plaine d'antendement :
Ainz si belle ne fu depuis l'avenement,
Car elle avoit le cors amoureus et si gent
3625 Que nature faudroit au faire tellement.
Le cors avoit plus blanc que nège vraiement,
Et flairoit plus souef que ne face piment ;
Nature i avoit mis tout son entendement ;

CCVIII

Car le vïaire ot bel et de couleur sanguine,
3630 De rouge entremerlé et de couleur rosine,   *(v°)*
Si flairoit plus souef que ne fait fleur d'espine
Ne rose n'esglentier, tant ot face benine.
Il sembloit proprement que ce fust chars divine.
Les dames d'entour lui de biauté enlumine,
3635 Car avec son biau col avoit belle poitrine.
En li toute biautés parfaitement acline ;
Onques dame ne fu a celi enterine.
Et quant Bruns le choisi, si reçut telle estrine
Qu'il en fu puis .x. ans après en .j. termine,

3616. liée. — 3617. *Un espace vide a été réservé pour une minia-*
ture et sa rubrique. — 3636. toutes.

3640 Car enracinés fu d'amoureusse racine,
  Car ausi bien que feus par force l'or afine
  Estoit Bruns afinés d'amour lealle et fine,
  Tourmens, paines, griestés en lui pas ne decline,
  Et ce li pourchassa de Morgue la cousine.

CCIX

3645 Or commancent de Brun et paines et grietés
  De la dame pour qui il fu enamourés.
  S'en langui longuement ainsi com vous orrés,
  Se l'istoire ne ment et vous bien m'escoutés.
  Par moy vous ert li fais desraigniés et contés.
3650 Tant fu Bruns en la tour longuement demourés
  Qu'il estoit de chascun conneüs et privés,
  Et si en estoit moult prissés et honnorés.
  Mais il estoit d'amour si forment afolés
  Que si tost qu'il estoit de celle regardés,
3655 Ses vïaires estoit tains et puis enflambés,
  N'il ne savoit comment il estoit demenés.
  Ainsi et nuit et jour il estoit atournez, *(f° 78)*
  Pour ce qu'en lui avoit tant d'amoureus pensés.
  Or avint a un jour qu'il se fu apensés
3660 Qu'a la dame diroit ses amoureus secrés,
  Pour vivre ou pour mourir plus ne seroit celés.
  Ce fu a .j. juesdi que jours fu avesprés,
  Chascun des chevaliers fu en gibier alés,
  Et Bruns estoit tous seulz en la sale remés,
3665 En une chambre entra ou dame[s] ot assés.
  Si tost qu'il celle vit pour qui fu enbrassés,
  Il an ala seoir près de lui lés a lés.
  Et quant il fu assis il fu moult regardés,
  Pour ce qu'il fu en plus de .vj. couleurs mués.
3670 Avant qu'il fust assis est en la chambre entrés.
  Adont d'une autre dame a esté apellés,

3666. vit celle. — 3667. il l'an. — 3670. est, *corr*. et?

Et si li a dit : « Bruns, .ij. mos a moy parlés.
— Dame, » respondi Bruns, « tout a vos voulentés. »
Adonques se leva, s'est a la dame alés.

CCX

3675   La dame li [a] dit : « Brun, or ne mentés mie :
    « Je sui toute certaine, en tant qu'a vo partie,
    « Qu'il ne tient pas en vous que vous n'aiés amie :
    « Dont certeine je sui que n'est pas esloignie
    « Que ne soit assés près de ceste compaignie. »
3680 Et quant Brun l'entendi, sa face en est rougie ;
    Et li a respondu, a vois basse et serie :
    « Dame, je ne connois point l'amoureusse vie
    « Qui est et belle et gente, amoureuse et jolie ;
    « Si que lessiés m'ester, li miens cuers vous en prie, (vº)
3685 « Car ce que mes cuers sent li vostres ne sent mie.
    « Louée en soit amours qui m'a de sa maisnie
    « Quant je sui de ses gens et de moi est servie.
    « Quant li plaira, mercis sera de moy baillie. »

CCXI

    Si tost que Bruns ot dit la dame son vouloir,
3690 La dame a regardé du Muable manoir.
    Quant la dame le vit, lés lui s'ala s[e]oir ;
    Par le semblant de Brun puet bien apercevoir
    Qu'il estoit vrais amans, et non amés, por voir ;
    Si li dit : « Bruns amis, je puis assés savoir
3695 « .I. pou de vo secré ; bien vous pourrai valoir :
    « S'a moi vous en voulés .j. petit esmouvoir,
    « Avant qu'il soit demain vous pourrés percevoir.
    — Dame, » respondi Bruns, « amour me fait doloir
    « Par [la] seue merci pour le plus bel avoir
3700 « C'onques veïst nus hom, ce povés bien savoir. »

3686. Loués. — 3699, Corr. p. la plus belle.

La dame li a dit : « Amours vous fait manoir,
« Au mains le cuer de vous, ou Muable manoir. »

CCXII

Quant Bruns la dame oy, s'ot le cuer esfraé,
Et li a dit : « Par Dieu, vous dites verité;
3705 « Amours par son plaisir m'a si enamouré
« Que j'ai cent foys le jour mon courage mué,
« Et me sent nuit et jour en amant trespensé.
« Or ne sai je comment li die mon secré;
« Car quant devant lui sui, si me sent avisé
3710 « Que j'ai tout mon lengage en amant oublïé.
« Si vous pri, vaillant dame, aiés de moy pitié, (f° 79)
« Pour ce qu'il a en moy parfaite loiauté,
« Que li dites comment bonne amour m'a mené
« Par quoy faire vousist de moy amant amé. »
3715 Et quant la dame l'ot, s'a du cuer soupiré,
Pour ce qu'elle li voit traire tant de grieté.
Et si li a dit : « Bruns, vous avés bien ouvré,
Car ainz qu'il soit demain sarés la verité
Ralés vous ent seoir don[t] je vous ai levé.
3720 — Dame, » respondi Bruns, « je ferai tout vo gré,
Car par vous puis avoir maladie et santé. »

CCXIII

Bruns s'en rala seoir près de la dame gente
Pour qui amour son cuer souventes foys tormente ;
Mais adès esperoit de sa merci l'atente,
3725 Car amour nuit et jour por lui amer le tente,
Et s'est d'amour servir pour lui en vraie sente ;
Mais sa merci sera toudis pour li asente.
Et si veoit celui en la face presente,

3707. j. et en a. — 3710. lingnage. — 3712. Que se. — 3720. vos.
— 3721. senté. 3724. esparoit.

Et si ne li osoit riens dire de s'entente,
3730 Mais le cuer li perçoit sa trés belle jouvente,
Si que sa voulenté s'en tenoit por contente.

CCXIV

Ainsi fu en doulour Brun toute la vesprée
Desiqu'a l'endemain qu'il fu prime sonnée.
Lá dame a qui il ot descouvert sa pensée
3735 A la dame qui est du fol Mannoir nommée
En sa chambre au matin est belement alée ;
Et encore n'estoit vestue ne parée,
Mais [ele se] gissoit moult bien encourtinée.   (v°)
La dame est coiement dedens sa chambre entrée,
3740 Si li dit en rïant : « Dame, s'il vous agrée,
« Vous estes loiaument en cest chastel amée. »
Quant la dame l'oy si en ot grant risée,
Car si grant joie en ot qu'a pou ne fu pasmée.
Quant elle ot assés ris, .j. pou fu trespensée,
3745 Et dont après si eut la couleur enflambée,
Quant la dame li dit qu'elle estoit desirée.
Adont li dist : « De qui, haute dame honnorée ?
« Onques ne fu m'amour vraiement demandée,
« Si que par ce point ci cilz a non *folᶻ y bée*
3750 « Qui m'ainme et si n'en fu onques mercis rouvée.
« On ne doit pas donner chose qui n'est rouvée. »

CCXV

Celle dit : « Il est voirs, dame, mès vous savez
« Que quant .j. cuers d'ami est bien enamourez,
« Il n'osse descouvrir les cent pars des grietez
3755 « Que ses cuers est sentans quant il est refussez,

3740. rient. — 3748. demendée.

« Si que je vous en pri que l'amant confortez,
« Par quoi ses maus puist estre en santé retornez ;
« Car, en l'ame de moy, il est telz atournés
« C'onques cuers en amant ne fu plus adolés.
3760 « Car quant devant vous est, ses sens est si mués,
« Que pour l'amour de vous ne puet estre enparlés ;
« Si que, dame plaisans, soit vos cuers si senez
« Quant vous estes amée ausi que bien amez,
« Car ses cuers est tendans a toutes honnestez.
3765 « N'il n'est mie tailliez a faire faussetez,   *(f° 80)*
« Ainz est et dous et biaus et bien enparentez,
« Et .j. des gracïeus qui soit ceans remés. »
La dame respondi : « Donques le me nommez,
« Si sera plus de moy c'uns autres regardez ;
3770 « Et si faura, avant qu'il die ses secrés,
« Que mes cuers en amant soit a lui adonnez. »
La dame li respont : « Vous dites veritez,
Mais vraiement ses cuers n'est mie tant ossez. »

CCXVI

La dame respondi du Muable manoir :
3775 « Ma dame, il me dira plainement son vouloir,
« Et selonc ce qu'en lui je verrai aparoir
« Et qu'en lui ait amant trés amoureus espoir,
« Il se verra briesment de merci pourv[e]oir.
« Mais au mains, s'il vous plait, que je puisse savoir
3780 « Qui cix est de qui j'ai l'amour sans remanoir
« —Dame, vous le pourrez bien briefment concevoir ;
« Car quant il vous verra, vous li verrés mouvoir
« Couleur et enbrasser son vïaire pour voir.
« Je ne vous en di plus : faites ent vo devoir ;
3785 « Si sera vostre honneurs et si ferés savoir,
« Car onques cuers d'amant ne se peut tant doloir. »

3757. senté. — 3783. enbrassez.

CCXVII

— Ma dame, il a en vous avocate soigneuse,
« S'a vous apertenoit vous serïez piteuse ;
« De sa besoigne faire estes forment soigneuse,
3790 « Car se c'estoit pour vous s'estes vous curïeuse.
« Se vous le me nommés vous serés scïenteuse,
« Car je sui du savoir vraiement desireusse,   *(v°)*
« Afin que vers l'amant puisse estre plus piteuse ;
« Et quant j'ai tel ami, estre doy gaieteuse ;
3795 « Mais que sache son non, pas ne li er crueusse,
« Et ne serai vers lui nullement orguilleuse ;
« Car s'il est vrais amis je serai amoureusse
« Ou non de bonne amour qui est trés vertueuse. »

CCXVIII

Quant la dame ot assés enquis et demandé
3800 Qui li varlès estoit qui ot enamouré
Son cuer pour soie amour, et d'amour enflambé,
La dame li a dit doucenent et de gré :
« Ce est d'un gracïeus varlet et bien sené,
« Et qui en son cuer a trés parfaite honnesté.
3805 « Il est nobles et biaus et parfais en bonté,
« Et si a avec ce trés parfaite bïauté. »
La dame li a dit : « Je l'ai moult acheté.
« Vous le me deüssiés pieça avoir nommé,
« Pour faire d'un ami avoir le non d'amé,
3810 « Car espoir li avrai je assés tost acordé ;
« Mais qu'il soit gentis hom et de haut parenté. »
Et respondi la dame : « Ouïl, en leauté,
« Et si a en son cuer trés parfaite honnesté,
« Et si avés de lui trés pieça l'amisté.

3790. Car, *corr.* Com ? — 3795. ert. — 3814. amitié.

3815 « Otroiés lui la vostre, ou non de charité;
    « Si ferés .j. malade errant estre en santé.
    — Dites moy dont son non, ou, par ma verité,
    « Je n'avrai ja de lui ne merci ne pité.
    — Dame je vous avrai son non tost revelé: *(f° 81)*
3820 « C'est Bruns de la Montaigne ou tant a de biauté;
    « Or savez vous son non avec sa voulenté. »
    Quant la dame l'oy, s'a .j. petit pensé,
    Et puis dit a la dame : « Il a son temps gasté,
    « Car il n'a c'un petit encore ci esté,
3825 « Et si veut ja avoir une amie aquesté.
    « Grant marchiet a d'amour ou il a conversé,
    « Qui veult ja estre amés si tost qu'il a pensé! »
    Et respondi la dame : « Il prendera en gré
    « Ce que vrais amans prent quant on li a donné. »

CCXIX

3830   La dame respondi du Muable manoir :
    « Parfaitement ne puet dame en rienz parcevoir
    « C'uns hom a empensé s'il ne li fait savoir.
    — Dame, » ce respondi l'autre, « vous dites voir,
    « Mais pour la grant grieté la ou je le voi doloir
3835 « Vous ai je ces parlers ci voulu esmouvoir,
    « Et il vous requerra vostre amour ainz le soir,
    « Car vostre amour l'a fait ceans tant remanoir,
    « Et si vous ainme et crient et sert a son povoir,
    « Ne jamais de ceans ne le verrés mouvoir
3840 « Jusqu'a dont que de vous pourra le don avoir »

CCXX

    Et quant la dame ot dit a l'autre sa pensée,
    De la chambre s'en est partie et desevrée,
    Et en mi le palais s'en est errant alée.

3816. senté. — 3818. pitié. — 3819. relevé

Brun trova moult pensis en la sale pavée,
3845 Et dit : « Venez avant, amis, s'il vous agrée :
    « Hui toute jour me sui pour vous escervelée,   *(v°)*
    « J'ai vo besoigne tant forgie et maçonnée
    « Que vous avrés briesment amie et bien amée. »
    Et quant Brun l'entendi, s'a la couleur muée,
3850 Et amoureussement a la dame acolée,
    Et li dit doucement : « Haute dame honorée,
    « Pour quoy avés esté traveill[i]e et penée ?
    « Dites, pour Dieu, comment ma besoigne est alée ;
    « Car vous avés de moy moult esté desirée.
3855 — Foy que je doy vous, Brun, j'ai la dame trouvée
    « Ou elle se gissoit trestoute eschevelée,
    « Et s'a de moy esté si trés bien escolée
    « Qu'elle puet par raison bien estre enamourée.
    « Par moy li a esté vo besoigne comptée,
3860 « Et elle a respondu qu'elle en ert avissée,
    « Mais qu'a li descouvrés tout avant vo pensée.
    « Vous savés que mercis ne doit estre donnée
    « De dame jusqu'a dont que d'amant est rouvée. »

CCXXI

    Ainsi conforta Brun la dame doucement,
3865 Et li dist qu'il desist a la dame briesment
    Comment et nuit et jour amour pour li s'esprent.
    Gaires ne demoura après ce longuement
    Que la dame gentix au gracïeus cors gent
    Qui tenoit ou païs terres moult largement,
3870 Du Muable manoir ausi le tenement,
    De sa chambre issi hors moult gracïeussement,
    Et quant Brun la choisi il sembla proprement
    Que ses vïaires fust embrassés ardenment,   *(f° 82)*
    Car je croy qu'il mua en couleurs plus de cent,
3875 Et si estoit espris trés amoureussement.

3866. *Corr.* l'esprent ? — 3874. croy, *ms.* voy.

Quant la dame le vit, si rougi ensement ;
Et Brun si a choisi qu'elle ot l'enbrassement,
Si prist dedens son cuer .j. pou de hardement ;
La dame salua moult gracïeussement,
3880 Et li dist : « Cil [qui] fist le hautain firmement
    « Vous doint joie et honneur et tous ceus proprement
    « Qui vous ainment en foy d'amoureus sentement !»
La dame respondi moult gracïeussement :
    « Biaus sire, Diex vous [voille] faire tout plainement
3885 « Jouïr de vos amours en amant loiaument.

CCXXII

    — Dame, » ce li dit Bruns, « pour Dieu or m'escoutés :
    « Li miens cuers est pour vous en foy enamourés,
    « Dont j'en graci amour et ses hautes bontés
    « Quant a son plaissir est li miens cuers aflambés
3890 « Si amoureussement que je sui tiex menés
    « Que plus sui devant vous, plus est mes sens mués,
    « Mes langages faillis et mes maus agrevés.
    « Ma joie et mes confors, mes deduis, mes pensés,
    « Li maus que cuers d'amant sent est en moy trouvés,
3895 « Si que, frans cuers gentis, se pitié n'en avez,
    « Je croy qu'assés briesment a la mort me trairés.
    « Si vous requier merci qu'en vous maigne pités,
    « Ma dame, a celle fin que vous me confortés ;
    « Car en l'ame de moy por vous sui tiex menés,
3900 « Se je n'ay vo merci, je sui a fin alés,   *(v°)*
    « Car tant qu'il vous plaira languir vous me ferés.
    « Mais se d'un vrai ami estoit fais .j. amés,
    « Tiex dons ne vous pourroit estre revigorés,
    « Mais quanqu'il a en moy de loial vous l'avés :
3905 « Ce est mon cuer plainement qui est a vous donnés.
    « Si en graci Amour, dame, quant c'est ses grés,
    « Et si que je vous ain, ma dame, si m'amés,

3877. si l'a. — 3880. firemant. — 3897. pitiés. — 3904. quenqu'il.

« Si sera tristres cuers en joie remués. »
Quant la dame l'oy, si dit : « Vos voulentés
3910 « Est apliquie a ce la ou vo tans tout perdés
« Et avec tout [i]ce vo lengage gastés.
« Vous n'estes [pas] je croy si malades d'assés,
« Ainsi qu'il m'est a vis et que tant vous couvrés.»
Et quant Brun l'entendi, s'a .ij. souspirs getés,
3915 Et dit : « Dame gentix, pour Dieu, car me tués,
« Car j'ain m[i]ex a mourir que soie ainsi menés.
« Et certaine soiés, s'autre merci n'avez,
« Pour vostre amour m'irai noier en ces fossés. »
Et la dame li dit : « Biau sire, non ferés :
3920 « Vous en irés atant et demain revenrés,
« Car espoir sera miex mes plaissirs avissés.
« Parlés demain a moy si tost que me verrés,
« Car il pourra cheoir que miex en porterés.
« J'ai bien oy le don que vous me requerés.
3925 « Je croy qu'assés briesment vous en parceverés.

CCXXIII

— Dame, » respondi Brun, « la vostre grant mercis

(Le reste manque.)

VOCABULAIRE

A

Abeer 3255, *désirer.*

Abrivé 350, 3004, abrievés 1178, *rapide; épith. de* cheval *ou de* destrier.

Acemées 2372, asesmées 924, *parées, arrangées.*

Acroire 2114, *prendre à crédit. Du Cange* accredere 2.

Adolé 2318, *souffrant.*

Aflambés 3889, *enflammé, ardent.*

Afustés 3363, *appuyé sur un bâton* (fust).

Age 2784.

Agesir, *accoucher;* ajut 1915, ageüe 1917.

Aisse, *aise,* a son — 2657.

Ajut, *voy.* Agesir.

ALEMAIGNE 564.

Alenée 1092, 2039, *souffle, effort.*

Aler, *construit avec un géron-* dif, 2112; voisse *(subj.)* 2129.

Alosés 1290, *loué, renommé.*

Amanevis 2850, *préparé, instruit. Voir, pour la série des sens,* Gachet, *Glossaire du Chevalier au Cygne.*

Amatie 2921, *abattue. Diez, I,* matto.

Amour, *pour* l' — de 1084, *pour. a cause de.*

Ancesserie 16, *le temps des ancêtres.*

Ancïans 35.

Andoy 2191, *tous deux.*

Anicillés 579, anichillés 1324, anichillée 1040, *annihilé.*

Antie, forest — 1227, 2729. *Gachet pense qu'en de tels cas il faut lire* autie, *ou du moins entendre ce mot au sens d'«élevé»* (*altivus); *mais il est probable qu'*anti (antiquus), *à force d'être employé comme épithète d'ornement, aura fini par n'être plus qu'un mot vide de sens.*

Anuitier 43, 2505, anuitiés

2959, *se faire nuit;* toute nuit anuitie 43, 2245, 2247, 2520, *toute la nuit.* Gachet, nuitie.

Apertement 2182, *cheville fréquemment employée au XIVe s.; voy.* Scheler, Gloss. des Poésies de Froissart.

Apliquier, apliquie 602.

Aquester 2199, *acquérir.*

[A]queutés 3545, *accoudés.*

Aramie 2246, 1° *bataille dont le jour a été fixé, convenu d'avance;* 2° *sens vague de bataille, lutte.* Gachet, aramie.

Arme, a l'arme! 3077, *aux armes!*

Armes Dieu, les — 1418, *les vêtements sacerdotaux. Même expression dans* Garnier, S. Thomas *(éd.* Hippeau, *v.*1637).

ARTUS DE BRETAIGNE 567, 570, 981, 3237, 3252, etc.

Asembler 2146, 2168, *se rencontrer, se heurter, en parlant de deux adversaires.*

Asener 2393, 2471, *assigner, attribuer;* 2938, *pourvoir d'un bénéfice, d'une rente :* D. - C. assennatio; *ou d'un mari (cf. 2933) :* Poésies de Froissart, *éd.* Scheler, III, 28, 927, *et* 181, 8).

Asens 972, *avis, sentiment.*

Asentement 2396, *assentiment.*

Asentir, *réfl.* 1964, 2799, 3570, *être d'avis de..., se décider à...*

Aserir 626, *se faire tart.*

Aserra 2362, *futur d'asseoir.*

Asesmées, *voy.* Acemées.

Atalenter, *impers.* 1960, *plaire.*

Atenir, *réfl.* 3020, *se tenir de...*

Aubel 1882, *aune (arbre)?* D.- C. albellus.

Auferrant 2119, 2130, 2435, etc., *cheval de prix.* Gachet, Glossaire; Bœhmer, Romanische Studien, I, 258.

Auques tout 2072; — *toute* 2907, *presque (un peu tout);* auques tost 2827, *un peu tôt, bientôt.*

Auscuns 976, ausmonne 965, *pour* aucuns, aumonne.

Ausentes, *loc. ne furent pas —* 2418, *ne furent pas absentes à..., ne manquèrent pas de...*

Autel 2165, *tel (neutre), la même chose.*

Avenans 1069, *qui arrive à..., qui atteint [un but].*

Avenement 3623, *l'avènement du Christ, l'ère chrétienne.*

Aventurer 293, *mettre en aventure;* 786, 3561, *chercher bonne aventure, un avenir favorable.*

Aversier 3078, *ordinairement ennemi, ou diable; ici a guise d' — est une simple cheville.*

Avertie 1363, *tournée, dirigée.*

Aviser 2392, 3106, *reconnaître estre —* 3381, 3860, 3921, *prendre conseil, se décider.*

Avocas; *sans nul autre —* 363, *sans intermédiaire?* avocate 3787.

Avoier 326, *mettre en bonne voie.*

B

Bacinet 698, *bassinet, armure de tête.*

Baillie, avoir en — *un enfant*, 1913, *le gouverner, l'élever.*

Batillie, tour — 2731, *tour crénelée, sens qui s'est conservé comme terme de blason; non point « palissadée » comme l'a cru Gachet. Cf. Tobler, Mittheilungen aus altfr. Hdschriften*, bataille, *et Scheler, Gloss. des Chron. de Froiss.,* p. 487.

Baudement 2106, *avec entrain.*

Benigne, a face — 853, *d'une façon bienveillante.*

Berruier 3075, *terme dépourvu de signification précise, désignant ordinairement un guerrier vaillant. D.-C.* berroerii, *Gachet,* berruyer.

BERSILLANT, bois, — 496, 565, 588, 642, 2666, *etc.*

BESANÇON, *voy.* Gonmars.

Blecier 832, *froisser.*

Bougon (boujon) 64, *trait d'arc. Gachet.*

Bouhorder 410, *joûter. Gachet,* behourder. *Diez, W. I,* bagordo.

Boulir, bouloit 1545, *sortir, se répandre au dehors en bouillonnant.*

Bras 697, *partie du vêtement recouvrant les bras.*

Brooutiers 131, *brouettier, journalier, manœuvre qui pousse la brouette. D.-C.* broetarius.

BRUIANS D'INDE MAJOUR, *l'un des principaux vassaux de Butor, blessé mortellement par Butor en un tournois,* 503, 644, 2573, *etc.*

BUTOR DE LA MONTAIGNE 191, 204, *etc.*

C

CALDAINS 3225, *peuple fabuleux.*

Camail 698, *tissu de mailles qui protégeait le bas de la tête et le col.*

Cercles d'or 2031, *ornement de tête à l'usage des dames; cf.* 2373.

CHAMPAIGNE, les marches de — 562.

Chapler 790, chaploier 3077, *frapper, combattre.*

Char, *voy.* Cors.

CHASTEL D'ACIER 3397, 3436.

Chatel 335, *bien propre.*

Chose, ma — 3033, *mes affaires, mon train.*

Clavel, hanap a — 3053. *hanap à anse, « a claspe, hook, or buckle, » Cotgrave, sous* claveau. *Un hanap d'or a claveau, sans pied, est mentionné dans le Gloss. des émaux de M. de Laborde, sous* hanap.

Comporter, *réfl.* 2699.

Consuivre, consuivant, 2116, *atteindre.*

Contour 3606, *le grade inférieur à celui de vicomte.*

Contraire 807, *événement contraire, défavorable.*

Cor, arc de — 2469, *arc de corne; voy. Fr. Michel, Guerre de Navarre, p.* 565.

Cor 2461, *coin. Gachet et Diez,* coron.

Corciés, *voy.* courcier.

Cornet 2036, *cornet, instrument à vent*

Cors, mon — 56, mes — 1218, le mien — 993, *etc., moi-même*; li — de Butor 412, *Butor lui-même*; char *(chair)* 991, *employée au même sens.*

Courcier, *réfl.* 2146, *se courroucer;* courciés, corciés, 779, 1689, 2325, courcie, 2743.

Courroie, *loc.* de tel — sains (cinctus) 2836.

Cremu 252, 2881, *craint, redouté.*

Crier as chevax 463, au viellart 2121.

Crueus, *le sens originel, cruel, subsiste peut-être encore dans* crueus serpens 789 *et* 3456, *mais il fait place à l'idée de grand, fier, redoutable aux v.* 535, 683, 1454.

Cuex 1804, *voy.* queus.

D

Dames d'onneur 2420, *dames choisies pour donner le prix des tournois.*

Delivrer, *réfl.* 76, 185, 190, 1133, *etc., se hâter de... Scheler, Glossaires des Chroniques et des Poésies de Froissart.*

Dervée, comme beste — 265, *indique une course rapide, folle.*

Desbaretés 3558, *affligé. Scheler, Gloss. des Chron. de Froissart. Le sens ordinaire de* desbareter *(voy. D.-C. VII et Diez, I,* barato*), est défaire, déconfire, abattre.*

Descouchier 2596, *inf. pris substantivement, les relevailles.*

Desdosser 3581, *enlever du dos [un haubert].*

Desfoy, a — 2153, *cri de défi.*

Desique 2733, desiques 3407, *jusqu'à.*

Desmentir, li cuers l'en desment 3065, *le cœur lui manque, il s'évanouit.*

Desmonter 154, *démonter [un cavalier].*

Desoler 3141, *abandonner? le sens ordinaire, dévaster, ravager, convient peu ici.*

Desorter 1897, *exhorter à ne pas faire, détourner de...*

Despiter 1340, *mépriser.*

Despiteus 3463, *orgueilleux, hautain. Scheler, Gloss. des Poésies de Froissart.*

Desregner 3145, *défendre, faire valoir [un droit] par les armes ou par la parole.*

Destendre 64, 365, 2105, 3202, *partir avec vélocité,* en parlant d'un trait, d'un cheval.

Destinée 19, 25, 83, *au plur.* 58; destinée, *au sens propre, ce qui est destiné à quelqu'un par des fées.*

Destinement 1581, *même sens.*

Destiner 660.

Destorte 1895, *dérangée, empêchée.*

Detri 624, *délai, retard.*

Detrier 2946, *retarder. Diez, W. I,* tricare.

Devisse 1816, *énumération, exposé.*

Devisser 1817, *énumérer, exposer.*

Dis 2338, *jours.*

Doulousser 178, *s'affliger.*

Dru 261, *amis.*

Duire 2527, *instruire; de* docere *et non de* ducere *comme l'a cru* Diez, W. II c.

E

El 2969, *autre chose.*

Enbronchier 2856, *baisser, incliner.* Diez II c, embronc.

Embuchier, *réfl.* 3080, *s'embusquer, se cacher dans un bois.*

Empaindre, *réfl.* 560, *s'occuper de.*

Enchargier, enchargié 2417, encherchiet 685, *charger, prendre [dans ses bras un objet].*

Encorporé 1026, *incorporé, incarné, qui a pénétré.*

Encortiner 718, *envelopper [de couvertures].*

Enflamber 194, 3745, *étinceler, rougir; au part,* 1179, 3801, *enflammé [de désir, d'amour].*

Enganer 152, *tromper.*

Ennuit 642, 844, 'anuit *(ms.* auet) 851, *aujourd'hui, sens conservé dans plusieurs patois.*

Ent 96, 115, 1082, *etc., en* (inde), *toujours placé après le verbe* (aler *ou* venir). *Scheler, Gloss. des Poésies de Froissart.*

Entente a m' — 1958, *à mon sentiment, à mon goût.*

Enterine 842, 1953, 3637, *complète, parfaite.*

Entester de..... 2992, *mettre [un fait, une idée] dans la tête.*

Entroduire 991, 3154, *instruire, préparer.*

Errant 1334, 1387, *aussitôt, sur le champ.*

Esbanoier, *neutre,* 51, 2496, *jouer, s'amuser.*

Eschevie 1905, *élancée, d'une taille élégante.* Diez II c.

Escoler 3857, *instruire, faire la leçon.*

Escollées 929, *décoletées.*

Esconsés 632, *couché, en parlant du soleil.*

Esfraier, *réfl.* 2193, *s'écarter brusquement, en parlant d'un cheval.*

Eslegie 15, *qui est pourvue, en possession de... Scheler, Gloss. des Poésies de Froissart.*

Eslessier, *réfl.* 481, *s'élancer.* Diez I lasciare.

Eslevée 2031, *[œuvre] élevée, distinguée, ou en relief?*

Esmanevie 2916, *éloignée, détachée; l'opposé d'amanevie, qui signifie préparée, disposée [à faire une chose].*

Esmari 2524, *troublés, embarrassés. Gachet.*

Esmovoir 2879, *faire partir, éloigner [quelqu'un en l'effrayant].*

ESPAIGNE 566.

Espains 3232, *l.* es pains, *u* es peint?

Espanir 27, 2259, *s'épanouir.*

Espasse 2206, *espace de temps.*

Espauler 2221, 2361, 2381, 2615, *démettre l'épaule par un choc.*

Espautrée 2222, [selle] *crevée, brisée. Cotgrave, Gachet, Scheler, Gloss. des Chron. de Froiss.*

Esperons, *prononcé* esprons, 3070, *de même* esperonnant 3098; *au contraire* 3283, 3317.

Espoir 187, 2150, 2230, *peut-être.*

Esquiex 1439, *banni, fugitif.*

Essaucier 3, 217, 1368, 1413, 1469, *élever, fig.*

Estaliers 132, *marchand au détail, ayant étal.*

Estat, 30, 2025, 2783, *état, position sociale.*

Estouvoir, par — 1016, *de force, par nécessité.*

Estraiés 3336, *qui va,* isolé, *en parlant d'un cheval qui a perdu son cavalier.*

Estraine 952, *étrangère à...*, *éloignée de* [faire une chose].

Estras, par — 357.

Estre 861, *lieu, endroit.*

Estriner 956, 1115, *accorder une étrenne, un don.*

Estrupignis 1738, trupingneis 1773, *mouvement, agitation; subst. formé sur* trepigner.

Eur 1561. *bord. Diez I* orlo.

Eür 781, 867, 1006, evur 202, 1373, *bonheur, destinée heureuse.*

Eure, nés a bonne — 959.

Eürés, bons — 3180, *heureuse-*
ment doué, [anneau] *porte-bonheur.*

Eüreus 2056, 2427, *heureux, chanceux.*

Evur, *voy.* Eür.

Evureusse 1559, *heureuse, de bon augure.* Euvireus, *Gloss. des Poésies de Froissart.*

F

Faés 562, 567, 570, 1201, 3179, *enchanté, en parlant d'un objet ou d'un lieu; pris substantivement, enchanteur, personne douée de vertus magiques,* Artus rois des faés 3238.

Faierie 18, 1240, 1539, *féerie, les fées.*

Faindre, *réfl.* 559, *feindre* [de travailler], *être négligent;* fains 2837, *au sens du part. prés.*

Faitis 3277, [qui a le corps] *bien fait, élégant.*

Faitiscement 3062, *élégamment, comme il convient.*

Fauchons 3223, *coutelas.*

Fermetés *au plur.* 1173, fremetés 3373, 3546, *fortifications, défenses* [d'une cité]; *au sing.* 2485, 3586, *cité, lieu fortifié.*

Ferré, chemin — 157. *Voy.* Tour ferrée.

Fie 613, *fois.*

Fiens 2120, *fumier.*

Flaieller 893, *se balancer au vent, en parlant d'une plante.*

Flourcelle 892, *dimin. de* flour (*fleur*).

Foys a la — 1056, *parfois, de temps en temps. Gachet.*

Folz i bée 3749, *fol y vise, locut. employée comme surnom; de même dans Baudouin de Sebourc, t. I, p. 141.*

Formeûs 1219, *qui est hors du sens, qui a l'esprit dérangé.*

Fortraire 1092, 1987, *retirer.*

Frainte 3337, *bruit, fracas. Gachet.*

Fremetés, *voy.* Fermetés.

Frenessieus 548, *fou.*

Frouer 2042, 2223, *briser.*

Frutefier 2746, *fructifier, fig.*

G

Gachiere 1156, *terre en friche, jachère.* D.-C., *gascaria et gascheria.*

Gaieteuse 917, 3794, *gaie, joieuse.*

Gaieusement 1406, *joieusement.*

Gargate 2354, gorge. *Diez I* gargatta. *Gachet* gargeçon.

Glace de mirouer 699.

GONDRÉS LI BRITONS, *nom propre*, 1233.

GONMARS DE BESANÇON, *nom propre*, 1232.

Gouïr, gorra 1343, gouïroit 2895, *jouïr.*

Grain, *employé pour renforcer la négation,* 336. Scheler, *Gloss. des Poésies de Froissart; Bibl. de l'Ec. des Ch., 3, III, 243.*

Grans, estre en — 1060, 1729, 2300, 2790, *être désireux, anxieux [de faire une chose].* Tobler, *Dit du vrai aniel, p. 21.*

Grenu 248, *pour* crenu, *épith. de* cheval.

Grevaine 597, 3125, *lourde, pénible.*

Grietés 638, 1310, 1330, *douleur physique ou morale.*

GRIEU 3225, *grec.*

Grifaigne, *voy.* ROCHE

GRIFON, *nom propre*, 74.

Grisel 1878, *gris, épith. de* cheval.

Guaire 1960, guaires 2167, *guères, quelque peu.*

Guischet 2163, *pour* gouchet? *l'aissèle, le dessous du bras; c'était aussi une partie de l'armure en tissu de mailles. Cotgrave et Littré, gousset.*

H

Haschie 1614, hachie 1000, *douleur morale. Gachet, Diez I c* haschiere.

HAUT PAIS 167, 451, *désignation topographique.*

Hautement, *fig.* 2977, *d'une façon distinguée, remarquable.*

HERMANS 2139, 2696, 2706, *fils de Bruiant.*

Hetiés 2645, *joyeux, content.*

Hiaume, *heaume, armure de tête,* 2066, 2119, 2438; hïaume 2117, 2124, 2170, 2224, 2382.

Honnesté, faire — 351, *faire une honneteté, un acte de politesse.*

Hordis 2071, hourdis 2089, 2122, *plur.* 2134, *échafaudage, construction temporaire de laquelle on contemplait le tournois. Littré, Gachet,* hourt.

Horions 2211. *Diez II c, et Littré.*

Hours 2077, *même sens que* hourdis.

Huchier 52, 1421, 2270, *appeler. Littré.*

Huée 2241, *acclamation, en un sens favorable.*

I, Y

Y, *pour le datif du pronom personnel de la 3ᵉ pers.*, 438.

Yseut, *l'amante de Tristan* 1639.

Isnel, *adv.* 1875, 1884, *rapidement.*

J

Jaserant, *subst.* 696, *cotte de maille. Cotgrave, Gachet, Littré.*

Jolif 2498, jolie 2510, *gai, plaisant, en parlant d'un lieu; enjoué, en parlant des personnes.*

Joquier 1566, *tarder, attendre, mot qui semble propre au dialecte du Nord. Baudouin de Sebourc, t. I, p. 120, Gloss. des Poésies de Froissart.*

K

Karole 2498, *ronde.*

Karoler 2508, *danser une* karole.

L

La ou, *d'une syllabe,* 861, 1016, 1430, 1897, 2290.

Laie, dame —, 1986.

Lamieres 2066, *partie de l'armure (laquelle?) formée de lames de fer.*

Laniers 122, *paresseux; originairement le nom d'une sorte de faucon peu estimée. Littré.*

Larris, *plur.* 452, 480, 3285, *terres en friche. Cotgrave, Gachet,* lairis.

Laschier 2063, *porter des coups. Scheler, Gloss. des Chron. de Froiss.,* lasquier.

Lever *sur les fonts baptismaux,* 1384, 1435, 1463. *D.-C.,* levare de sacro fonte.

Li, *devant un subst. fém.* 649, 673, 715, 2258.

Lice, la — 682, *Laodicée.*

Lité; palais —, 1379, *salle ornée de bordures. Gachet,* listé.

Litée 1524, *ce qui tient dans un lit.*

Locus, 131, « *chauve* » *Roquefort avec un ex. de la loc.* chief locu (*Gaydon* 2884); *mais ce sens ne convient pas ici, ni dans* chape locue *Ren. de Mont.* 250, 10; *p.-ê. en désordre, en* loques?

Luytie 1233, *nom de pays.*

Lutis 3225, *les anciens Luticii, ou Wilzes (Meklembourg); voy. G. Paris, Romania, II,* 331.

M

Malart 2759, 2760-1, *canard mâle sauvage.*

Mançongier, *transitif* 3385, *tromper, ou corr.*, s. p. de m.?

Manel 1625, [*doigt*] *de la main.*

Manier 64, [*arc*] *à main, ainsi distingué de l'arbalète.*

Manoir, muable — 3532, 3690, 3774, fol — 3735, *autre nom de la* Tour ferrée.

Marchans 132.

Marié 1931, [*hommes*] *mariés.*

Marrir 3269, *se tromper de chemin, s'égarer.*

Mate 2631, *triste* [*figure*].

Maumis 2646, *estropié.*

Mehaingniés 2963, *mutilé, estropié.*

Melancolie, par leur — 21, *simple cheville.*

Melancolier 901, 1147, *être dans un état mélancolique.*

Menantie 2444, *possession, ce qu'on possède.*

Menestrel 1806.

Mespris 1995, *méprise, erreur, inconvenance.*

Meūs 87, *hors du sens, comme* formeūs.

Mire 2644, *médecin. Encore dans Cotgrave.*

Mont 3621, *beaucoup* (multum).

Montaigne (La), *fief,* 31, 100, etc.

Mor, 1164, 2467, [*cheval*] *noir.*

Morel 2074, *même sens que le précédent.*

Morgadas de Tarsie 230, 349, 354.

Morgue, *fée,* 3252, 3399, 3599.

Muable manoir. *Voy.* Manoir.

Mucier, *réfl.*, 859, 881, 1565, *cacher.*

Mue, 812.

Murmurer, *neutre* 1741, *réfl.* 2175, *transitif* 1349, *rapporter, répandre à voix basse* [*une nouvelle*].

Mus 1683, *muet.*

N

Nassion 98, *naissance.*

Nice 676, *sot. Littré.*

Niceté 1036, *sottise.*

Noif 925, *neige.*

Nos, *masc. sing. sujet,* 87, 400, 883-4; no, *masc. sing. rég.,* 101, 137, 725, 864, 1939; no, *fém. suj. ou rég.,* 576, 3604; *toujours employé devant un mot commençant par une consonne ;* nostre *devant les voyelles.*

Note 2250, *mélodie.*

Nūitie 2514, *nuit.*

O

Ogier, 3399.

Onbrier 1236, *produire de l'ombre* (*p.-é.* [*s'*]onbrie?)

10

Ondier 1241, 2253, *ondoyer, produire des ondes.*

Onni 2528, *égaux, équivalents.* Gachet.

ORCANIE, *voy.* RUFARS.

Orfaverie 1547, *travail d'orfèvrerie.*

Ostroiés 639, *pour* otroiés.

Otri 3159, *octroi, don.*

P

Païs, *voy.* HAUT PAIS.

Panon 3480, *pennon.*

Paour, *masc.* 1791, *ou corr.* nul[e] p., *en prononçant* pour, *comme peut-être* peur 2688?

Par, a — lui 546; de — 217, 2083, 2476; — si que 640, *de façon que.*

Parigal 3212, 3487, *égal, pair.* Gachet, *paringaus.*

Parsonnier 220, *participant.*

Partir, partissoie 320, *partais;* partans 1312, *ayant part.*

Pastés, [*chair à*] *pâtés, loc.prov.,* 649.

Paumoier 2069, 2113, 2163, *manier, presser dans la paume de la main.*

Pelles d'Orient 473, 2408 (pailles), *perles d'Orient; paraît être masc. dans le second ex., mais au v.* 2409 petis, *se rapportant à* pailles, *a sans doute été mis au masc. pour la régularité de la mesure.*

Peneant 176, *pénitent,qui accomplit une pénitence; par extension, malheureux, misérable.*

Perra 1610, *fut. de* paroir, *paraîtra.*

Persant 167. *Il ne peut guère être ici question de Persans; le sens qu'indique le contexte, est celui d'homme puissant. La Vie provençale de S. Honorat, par R. Féraut, nous présente le même mot employé, semble-t-il, dans le même sens :* man duc e man persan *(éd. Sardou, p. 4),* Manz reys e manz persantz, mantz comptes, manz barons *(ibid., p. 60), etc.*

PERE (S., *loc. prov.,*1938, *suppr. la note, et cf. cet ex. de Froissart (Scheler, Gloss. des Chron., uis) :* qui troeve S. Pierre a l'uis, il n'a que faire d'aller querre a Rome.

Plisson 2010, *pelice.*

Poingneis (*et non* poingneïs, *à moins de corriger* car en qu') 1654, *combat.*

Point, estre a — 1279, *être rétabli, en bon état ;* estre en — de 992, *estre mal a* — mis 2329, *en autre —* 2340.

Poitevinée 2945, *la valeur d'une* [maille] *poitevine; c'était une très-petite monnaie, cf. Huon de Bordeaux, v.* 4960.

Portal 3485 , *support, soutien.*

Portral 3215, *faute de copiste pour* portal, *qui signifierait ici cheval?*

Postis 434, *poterne.* Gachet *et* D.-C., *posticium.*

Princier 1416, 2660, *prince.*

Q

Querelle 885, *causerie, conversation. Scheler, Gloss. des Poésies de Froissart.*

Queus 362, *plur.* queux 397-9, cuex 1804, *queux, cuisinier.*

R

Radement 3203, *rapidement.*

Radoter 110, 291, 507, 1034.

Randonée 264, *élan.*

Ravertis 3280, *revenu.*

Ravisant 1137, *[lion] ravissant.*

Recroire, recreüt 126, *fut rendu, épuisé.*

Relief 1920, *abandon fait par le seigneur a ses serviteurs de certains objets meubles, tels que vêtements, etc.*

Rencherchier 2710, *recharger [un fardeau].*

Remonter [*un cavalier*], 2616.

Rente, acheter — 1965.

Repairs *de fées* 50 *(où* repaire, *leçon du ms., doit être corrigée* repair), 498, 541, 1539.

Repast 2717, *en parlant des chevaux. Littré n'a pas d'ex. antérieur au XVᵉ s.*

Resoignier 184, 1502, 2143, *craindre, redouter.*

Respondre, *transitif* 2421, *chanter sa partie dans un chœur.*

Restor 2463, 2574, *récompense,* réparation; 983, *renouvellement.*

Restorer 1641, *renouveler, relever* [*un nom*].

Retenir [*quelqu'un pour faire partie de la* mesnie], 1908, 1918, 3240, *entretenir. Scheler, Gloss. des Chron. de Froiss.*

Revel 383, 1626, 2248, *joie bruyante.*

Reverie 2452, *folie, outrecuidance? s'est employé au sens de revel, voy. Gachet, reviel.*

Richier 1414, 2027, *archevêque.*

Rieulle 3220, *règle,* par rielle general, *loc.*, 3486.

Rigueur, porter — 2696, *se montrer rigoureux.*

Roche grifaigne, la —, 1563.

Roche dormant, la —, 171.

Rochet 2118, 2223, *tampon fixé au bout de la lance courtoise:* « the burre, button or blunt iron head of a tilting staffe, » *Cotgrave; cf. Littré à l'hist. de* rochet.

Rogier 1417, *chapelain.*

Roy amant 514, *originairement le Rédempteur* (raemant).

Roumant 2138, *roman.*

Rovine 1951 *(en note), d'un teint rose, coloré.*

Rufars d'Orcanie 1232.

S

Sachier 3276, 3322, *tirer.*

Saine 3130, la Cêne.

Vertueusses 913, *douées de [vertus]*.

Viaire 1951, *visage*.

Vieler 2037, *jouer de la vieille*.

Vieuté 159, *honte, subst. de vil*.

Viguereusement, *prononcé* vigreus-54, 2089, 2715.

Visser 1939, *viser, chercher*.

Vissiére 2117, *visière*.

Vos *masc. sing. suj.* 288, 523, 650, 689, 843, 971; vo *masc. sing. rég.* 60, 75, 307, 453, 492, 527, 560; vos *masc. pl.* 319; vo *sing. fém., suj. ou rég.*, 282, 288, 513, 604, 2801, 3024.

Votis, *voûté ou en forme de voûte*, palais — 432, sale votie 1360, 1916, targe vostie 6.

Vouer, je veu 605.

Vouloir, *auxil.* 791, 1810.

Voutèïs 1996, *voûte, pièce voûtéc*.

Y

Y, *voy*. I.

TABLE DES RIMES

RIMES MASCULINES

a 36, 74, 121, 132, 155, 170, 194.

ai (ay) 146.

ains 162, 184.

ais 62.

al 183, 197.

ans 49, 61, 73, 92, 97, 128, 160, 190.

ant 10, 27, 38, 64, 71, 84, 112, 115, 120, 131, 137, 150, 164, 176, 179, 193.

as 19.

aus 49.

é, 9 18, 39, 63, 77, 98, 109, 129, 134, 171, 204, 212, 218.

el 21, 91, 105.

ens 56.

ent 4, 25, 41, 89, 104, 119, 135, 148, 156, 174, 182, 207, 221.

er 6, 11, 23, 43, 81, 101, 126, 161.

és 31, 35, 42, 55, 67, 72, 83, 93, 140, 149, 181, 191, 202, 209, 215, 222.

eur, *voy*. our.

eus 29, 195.

i 2, 34, 143, 158, 180, 223.

ient 172.

ier 3, 12, 46, 79, 88, 118, 141, 147, 152, 175, 189, 192, 196.

iers 7.

iés 42. 82, 169

ieus (iex) 80.

in 153.

ir 203.

is 24 (ci *v.* 444), 114. 123, 130, 151, 163, 187, 223.

oir 58, 117, 201, 211, 216, 219.

ois 40.

oit 16, 51, 127, 166, 188.

on 5.

ons 28, 48.

or (o *ouvert, lat.* au *) 66, 139.

ort 199.

our 100, 144, 154 (eur **) 205.

u 14, 185.

us 22, 69, 94, 159, 177, 198.

RIMES FÉMININES

age 8 (ai-ge *v.* 139).

aie 113.

aigne 30 ***.

aine 32, 54, 87, 178.

aire 44.

ance 96.

ée 15, 59, 68, 75, 85, 99, 103, 116, 124, 145, 168, 173, 186, 200, 214, 220.

ées 53, 133 (iées *v.* 2380).

elle 50.

endre 20.

ente 111, 213.

entes 136.

érent 26 (iérent *v.* 478, 481), 102 (iérent *v.* 1829, 1841), 122 (iérent *v.* 2177, 2185, 2193, 2198.)

euse 217.

euses 52, 217.

---

* Sauf au v. 1160, où *hautour* est une faute, soit du scribe soit de l'auteur.

** Il est probable que le copiste aurait aussi fait passer les trois autres tirades d'*our* à *eur*, si elles n'avaient toutes contenu, sauf 154, des mots tels que *amour, jour, tour,* qui ne se prêtaient pas à ce changement.

*** Au v. 556, *estrange,* du ms., doit être corrigé *estraigne.*

ice 37 (riche *v.* 678, 681).

ie 1, 13, 33, 57, 70, 76, 86, 90,
  107, 125, 138, 142, 157, 167,
  206, 210.

iere 65.

ine 47, 110, 208.

ise 78.

oie 17, 95.

oient 60.

orte 106.

ue 45, 108, 165.

LE PUY, TYPOGRAPHIE ET LITHOGRAPHIE DE M.-P. MARCHESSOU.